SHIJIE 500QIANG

J.P. MORGAN CHASE &

ROYAL DUTCH SHELL

埃克森美孚 EXXON MOBIL

西门子SIEMENS

巴西国家石油公司

日立 HITACHI

FORD MOTOR

Apple(苹果)

美国快捷药方控股公司

法国巴黎银行

SIEMENS

BMW

摩根大通 J.P. MORGAN CHASE &

康德乐

法国电力公司

三星电子SAMSUNG ELECTRONICS

向世界500强人力资源总监借管理智慧

世界500强人力资源总监管理笔记

尹剑峰◎著

时代出版传媒股份有限公司
北京时代华文书局

图书在版编目（CIP）数据

世界 500 强人力资源总监管理笔记 / 尹剑峰著 . -- 北京 :
北京时代华文书局 , 2015.11
ISBN 978-7-5699-0652-3

Ⅰ . ①世… Ⅱ . ①尹… Ⅲ . ①企业管理－人力资源管理
Ⅳ . ① F272.92

中国版本图书馆 CIP 数据核字 (2015) 第 279223 号

世界 500 强人力资源总监管理笔记

著　　者 | 尹剑峰

出 版 人 | 杨红卫
责任编辑 | 张彦翔
装帧设计 | 天下装帧设计
责任印制 | 訾　敬

出版发行 | 时代出版传媒股份有限公司 http://www.press-mart.com
北京时代华文书局 http://www.bjsdsj.com.cn
北京市东城区安定门外大街 136 号皇城国际大厦 A 座 8 楼
邮编：100011　电话：010－64267120　64267397
印　　刷 | 北京建泰印刷有限公司　010－89580799
（如发现印装质量问题，请与印刷厂联系调换）
开　　本 | 880×1230mm　1/32
印　　张 | 9. 5
字　　数 | 207 千字
版　　次 | 2016 年 4 月第 1 版　　2016 年 4 月第 1 次印刷
书　　号 | ISBN 978-7-5699-0652-3

定　　价 | 39. 80 元

序 言

不同的企业有不同的发展境遇，有的企业能够扶摇直上，一路高歌猛进，实现跨越式发展，甚至步入世界500强的殿堂；而有的企业发展到一定程度之后，就会陷入瓶颈，如同“斜坡球”理论所说的那样：越往上走就越艰难，如履薄冰，举步艰难；有的企业甚至还会走下坡路，逐步消亡。造成这一差别的原因到底是什么？当然是管理！管理是一个企业发展的基石，如果一个企业的管理跟不上，那么企业发展稍具规模之后，就会陷入紊乱状态，从而丧失了发展的根基。

企业的管理，最核心的就是人员的管理，只有把人力资源激活，企业才有生机和动力。但不同的企业，对人力资源的认识是不一样的。目前，大量企业依然把员工看成一种成本，而非一种资源。把员工看成纯粹的“经济人”，认为仅仅是一种短暂雇佣关系，给了员工工资，就得最大限度地强迫员工给企业创造价值；同时又不注重人才的培养和激励，以图把人力成本控制到最低。在这类企业里，人事部往往被视为一个简单的服务性部门，所有人事工作，仅仅停留在一些事务性工作层面，即：员工招聘、入职培训、考勤、工资核算等，完全围绕着其它业务部门做一些辅助性、服务性工作，在企业里完全被边缘化了。正如某家公司总裁所评价的那样：“人事部就是一个不长树、不长草的地方!”言外之意，就是不能给公司带来效益的“不毛之地”。

而今社会已步入知识经济时代，企业的员工已是清一色本科以上的“知识型员工”，他们追求价值认同感，追求工作自主，追求成长和前途。如果还沿用传统的、简单的人事管理方法来对待员工，那么，企业的管理工作将陷入一片紊乱，导致员工离心离德，这样的公司将毫无竞争力可言。成功的企业，往往会把人力资源看成公司的第一资源，把人力资源部放在一个战略位置上，通过构建一套完善的人力资源管理机制，来最大限度地开发员工的潜能，进行人才运营，进而将人力资源全盘激活，让企业形成强大的人才磁场，为企业的跨越式发展提供源源不断的动力。

为了帮助众多企业实现人力资源管理的战略转型，本书在将传统企业与世界500强企业的对比基础上，反思传统企业人力资源管理的弱点所在，总结一流企业的成功理念和方法，并结合一些成功人士在企业中的HR管理经验，来探索企业人力资源管理的战略转型之道。本书理念新颖、视角独到、内容生动、案例丰富，是一部值得一读的实战型人力资源管理书。

目 录

第一章 卓越 HR 新视角：不一样的世界

不同的企业，对 HR 有不同的看法，而不同的视角，也决定了企业不同的管理水平。传统企业往往把人资部看成纯粹的服务性、事务性部门，重业务轻管理，从而导致企业乱象丛生，陷入了发展的瓶颈；而成功的企业，会把人资部看成企业的战略管理部门，把 HR 看成是企业的第一资源，进行战略性开发和人才运营，从而推动企业实现跨越式发展。

第二章 把好招聘关

有位世界 500 强企业的总裁曾给人力资源部这样的评价：“人力资源

部虽然不懂得赚钱，但却懂得给企业找来会赚钱的人。”的确，企业的人才水平就取决于HR的招聘水平。选人如同选钻石，需要用心去甄别。只有拓宽企业的招聘渠道，严把招聘关，才能源源不断地为企业猎取到出色的人才。

第三章　透视世界500强企业的用才标准

许多企业在用人时，没有明确的任职标准，在岗位人才配备时，完全凭用人部门领导的感觉，从而导致企业的用人制度一片模糊、混乱，许多潜在的人才得不到有效的培养和提拔。而成功的企业，会对用人岗位，尤其是关键岗位，建立完善的任职条件，对人才实行内部认证，确保符合任职条件的人才得以升迁，也为潜在的人才指明了努力的方向。

第四章 人才选拔：相马，还是赛马？

在传统企业里，企业的人事权往往集中在部门负责人手中，而他们在选用人才的时候，往往采用“相马”的方法，欣赏谁就起用谁，于是常常形成一股浓厚的“圈子文化”，即跟领导走得近的人容易获得升迁的机会。而管理到位的企业，重在给员工塑造一个公平的表现平台，采用“赛马”的方式，起用脱颖而出的人才。

第五章　人才培养：让企业具备“造血”功能

有的企业只注重使用人才，而不注重培养人才，于是在使用人才时，容易患上“外招依赖症”。当一些重要岗位空缺时，在企业内部找不到合适的继任者，于是只好选择对外人才引进，结果把内部员工的晋升通道给截断了，从而导致大量内部人才外流。成功的企业则很注重内部人才开发，让企业具备造血功能，从而拥有大批的后备人才。

第六章　绩效管理：一切用业绩说话

有些企业的HR之所以停留在事务性管理的层面上，主要在于没能把绩效管理推动起来，不能追踪到每个员工的业绩表现，导致企业的战略性人力资源管理机制运作不起来，从而让企业的管理工作处在原始状态。管理到位的公司，往往都是从绩效管理做起，在此基础上构建出一套完美的人力资源管理机制，从而把人力资源全盘激活。

第七章　薪酬设计：钱，要给到位

在当今时代，薪酬依然是企业首要的激励手段，也是员工最为关注的。不同的企业，有不同的薪酬管理水平，不少企业采用的依然是低薪的固定工资制，没有任何吸引力，由此也成了企业人才外流的首因；而成功的企业，会大力构建出一个完美的薪酬体系，通过结构化工资、宽带薪酬，甚至股权激励等战略性薪酬计划，来牢牢地吸引住人才。

第八章 人才激励：那是要下血本的

人才是要不断激励的，否则，人才的工作热情就无法持久地激发出来。但人才激励，是要下血本的，因为在知识经济时代，员工作为知识型人才，素质高，追求也高，除了高薪之外，人才还追求工作自主、追求价值认同感、追求成长和前途。由此，企业必须从工作环境、管理方式、利益分配和创意福利等多方面构建出一套完美的激励机制，让人才愉悦起来。

第九章 人才使用：能上能下，任人唯贤

联想集团的前总裁柳传志先生，曾把企业的管理工作划分为三部曲：建班子、定战略、带队伍。他把干部队伍建设摆在了企业管理工作的第一位。的确，干部是企业的骨干，只有把干部队伍建好了，才能把企业的人心带起来。但不同的企业，优秀干部的评定标准不一样，任用方式不一样，从而获得的管理效果也不一样。

▶ 第十章　留才管理：打造企业的人才磁场

不同的企业，有着不同的人才吸引力，人是有趋利性的，总是往诱惑性大的方向走；人才吸引力强的企业，往往成了人才的聚集地；而吸引力弱的企业，不但招不进优秀的人才，还成了内部人才流失的重灾区。由此，企业应该规范管理，消除内部的消极系统，将员工价值与企业价值有机统一起来，从而形成强大的企业人才磁场。

第十一章　离职管理：没有不散的宴席

有聚就有散，再好的人才，也有跟企业分手的时候，尤其是知识型人才，往往都有自己的追求。人才的离去固然是企业的一大损失，但企业也没必要为人才的离去而愤怒，取而代之的是转换企业的用人思维，即从以往的“终身雇用”转变为“终身交往”。因为离去的人才并不意味着跟公司彻底一刀两断，只要交往得好，依然能换种方式为企业所用。

SHIJIE 500QIANG

J.P. MORGAN CHASE &

埃克森美

EXXON

巴西国家石油公司

日立 HITACHI

FORD MOTOR

Apple(苹果)

美国快捷药方控股公司

法国巴黎银行

SIEMENS

BMW

摩根大通 J.P. MORGAN CHASE &

康德乐

法国电力公司

三星电子SAMSUNG ELECTRONICS

THE WORLD'S
top 500 director of human resources management notes

第一章
卓越HR新视角：不一样的世界

不同的企业，对HR有不同的看法，而不同的视角，也决定了企业不同的管理水平。传统企业往往把人资部看成纯粹的服务性、事务性部门，重业务轻管理，从而导致企业乱象丛生，陷入了发展的瓶颈；而成功的企业，会把人资部看成企业的战略管理部门，把HR看成是企业的第一资源，进行战略性开发和人才运营，从而推动企业实现跨越式发展。

1. 人资部，真的不长草吗？

一个企业管理水平的高低，其实只要看看企业老板对 HR 的定位就知道了。一直以来，对于 HR 的评价，不同的企业有不同的看法。许多企业把人事部认定成一个打杂、服务性部门，如同公司的公用保姆一样，整天跟在其他部门后面，负责一些鸡毛蒜皮的事务。在这类企业里，老板看重的往往就是那些能给公司带来直接效益的部门，最典型的就是业务部、生产部、研发部等，认为这些是能给公司创造价值的部门；而对于 HR，如同行政部一样，是一个边缘化的部门，而且地位比财务部都要差一大截。

有这样一个案例：某公司召开经理级会议，各部门负责人逐一汇报部门近期工作，业务部汇报当月的销售指标完成情况，听到公司近期新增了几个客户，销售指标超额完成时，总裁笑得合不拢嘴；生产部汇报当月各订单按期交货，品质部汇报生产坏货率稳定在 1% 以下；研发部宣布又推出了几款新产品……总裁听得频频点头。轮到人事部经理汇报招聘、出勤、人员离职等情况时，总裁表情淡漠，总结性地说了一句："你们人事部，就是一个不长树、不长草的地方。"

在这位总裁的眼里，人事部就是一个不毛之地，是个花钱而创造不了效益的部门。其实，许多公司都把人事部的工作界定为：人员招聘、简单培训、员工考勤、工资核算，以及处理一点员工关系等日常事务性工作，充其量就是跟在其他部门后面，打打杂，做做后勤服务而已。人事部经常吃力不讨好，工作累，还常挨大家骂；招不到人，或者到岗不及时，要被催骂；工资没准时发放，要挨大家骂，出现劳资纠纷，要两头受气。所以，这也是不少人把 HR 看成是公司最窝囊的部门的原因。

然而，HR 就真的这么一毛不值吗？其实不然，把 HR 看轻的公司，往往是不懂 HR 的公司，往往也是管理相当混乱的公司。因为这类公司属于典型的重业务、轻管理的公司，老板眼中看到的只有钱，而看不到企业的长远发展。中国企业的老板往往可以分为两类，一种是纯粹的商人，开公司的目的就是赚取眼前的那点钱，而很少去关注企业的定位和未来发展。这类企业往往是做不大的，以中小型企业居多，因为稍微到了一定规模就会陷入发展的瓶颈；另一种就是企业家，他们的眼光是不一样的，他们关注的是把企业作为大家的事业平台，研究如何做大做强。这类企业往往会把管理当成企业的发展基石，把人力资源当成企业的第一要素，往往会把人力资源部放在一个战略高度，把公司人力资源全盘激活。

深圳某世界 500 强企业的总裁，对人力资源部有一番独到的看法。同样是一场公司管理层会议，总裁当着全公司高管的面，对人资总监作了一番高度的评价：“你们人力资源部是不懂得赚钱，但你们很会找给公司赚钱的人！并能让他们拼命地为公司赚钱！”的确，公司有 30 多家子公司，100 多位总经理级别以上的高管，数以万计的各类人才，但这些人才都是人力资源部一手搜寻、甄选进来的；公司那套完善的管理体系，如庞大的培训体系、人才任职体系、绩效考核体系、完美的薪酬体系、晋升机制、企业人才池、企业文化等，全部是在人力资源部的主导下建立起来的。正因为人力资源部能协助总裁把众多英才招聘进来，并有效将他们运营起来，公司的业务才能如此迅速腾飞，不到 20 年的时间，就由一家小型加工厂发展成世界 500 强企业。

其实，企业的管理主要是人才的管理，如何搜寻、培育、留住以及有效运营人才，这是企业发展的第一要务。人才运营的好坏也决定了企业经营的成败，人力资源管理也必须从传统的简单人事管理的狭小泥坑里走出来，走向人力资源管理的战略化。那些优秀的成功企业，海尔也好，华为也罢，无不是以人才为本，通过一套完美的人力资源管理机制把大批优秀人才汇聚起来，把人才的价值激发出来，从而促进了企业的腾飞！

2. 谁才是企业未来的“首席职能部门”

在企业的各大职能部门中，许多人往往把研发部、业务部、生产部作为价值创造部门，认为它们才是企业的价值创造者，而把人力资源部、财务部、行政部等看成是辅助部门，即仅仅为企业的生产经营活动提供一些辅助性服务。研发部是设计开发新产品的，被认为是企业发展的发动机，尤其是当前企业界陷入过度竞争状态，公司产品的技术水平以及新产品的推出速度，往往决定了企业的市场空间；生产部作为产品的制造部门，是企业内规模最大的部门，企业的生产能力的大小决定了企业的规模大小；业务部是企业的收入创造者，只有业务部把产品销售出去，企业才能把投入源源不断地变成收入。所以，研发部、业务部和生产部一直以来，往往被看成是企业的“三巨头”。

但是，在未来的发展中，谁应该是真正的“首席职能部门”？谁是最大的价值创造者？答案却是人力资源部。有些人或许对这一观点有所异议，但只要稍加分析就会明白。在知识经济时代，人力资源超越了其他物质资源，成为了企业价值创造的最大来源。那么，如何对人力资源进行有效配置、管理，以最大限度地发挥出人才的价值？依靠的就是人力资源管理。从这点上说，企业人力资源的管理水平，决定了企业的发展水平和未来发展空间。

朗讯科技（中国）有限公司人力资源总监李剑波先生，把人们对人力资源管理的认识过程，划分成了三个阶段：第一阶段，人力资源部门就是起草一些制度，给员工考考勤、发发工资，只做一些简单的事务性工作，也创造不了什么效益。处在这一阶段的人力资源部，是没有任何地位的，而且管理工作也做不起来；第二阶段，人们认为人力资源部的工作是服务，即为公司其他部门提供高质量的服务。第三个阶段，人们对人力资源管理的认识达到了一个战略高度。人力资源部的主要工作，就是为员工提供一个完美的工作环境：当员工每天来上班时，让他们获得机会去进行有意义的创造，从而把人力资源给激活了。正如朗讯科技公司前任董事长亨利·肖克先生所说：

“公司领导的任务是创造一个良好的环境，让每一个人都有机会去贡献自己的聪明才智”。

不久前，在厦门大学召开了一次“会计学科建设学术交流会”，有一位厦门大学会计系的黄博导在作企业财务管理方面的报告时，感慨地讲了一番话：“以前的财务部是公司的大部门，现在却慢慢变成了小会计，被人力资源部赶在了前头，许多管理工作由人力资源部在主导。”其实，黄博导讲的是企业界正在发生的一种转变：人力资源部正快速崛起，成为企业的核心部门之一；而且以后不光会超越传统管理部门，如财务部、行政部等，其核心地位还会进一步超越研发部、生产部和营销部，成为企业的“首席职能部门”，这是企业运营管理的大势所趋。

我曾在一家大型集团公司担任人力资源部经理时，公司新聘入一位人力资源总监和一位财务总监。既然有高管加盟，总裁就必须给他们排位置。有一次，人力资源总监正在外地出差，总裁把我叫进办公室，给了我一份名单，也就是公司高管的排列顺序，要我以后在会议和公司发文中，按照他排列的顺序进行。总裁给出的高管排列顺序是：总经理、人力资源总监、技术总监、营销总监、生产总监、财务总监，以及各子公司总经理。当我把这一结果告诉人力资源总监时，他颇感激动，也领会到了总裁的深意。

果然，接下来的时间里，总裁给了人力资源总监众多挑战性任务：开展绩效管理，推动公司的薪酬变革，打造集团统一的管理模式，然后向全体子公司推行，做到管理模式的统一化，消除以往的各自为政，自成诸侯的管理乱象。人力资源部在这一思想的指导下，组织各部门开展了一系列重大管理工作，大幅度提升了企业的管理效率，从而逐步成为了公司最令人瞩目的职能部门。

企业的发展已越来越取决于管理这一基石，管理水平的强弱，也决定了企业的成败。而企业的管理，主要就是人才的管理。如何构建一个高效、统一的企业管理模式，如海尔管理模式、华为管理模式等，这将成为各企业未来发展的重心所在。

企业的人力资源部今后至少承担三大管理任务：一是推动企业的管理变革，当前大多数企业采用的依然是传统的分工式、集权式管理模式，工作效率低、管理成本高已成为这类企业的一大通病。而在知识经济时代，随着知识型员工的兴起和互联网、软件技术的普遍应用，企业的管理必然走向扁平化、无边界组织化和团队化，这将引起企业管理的颠覆式变革，而这一变革须由人力资源部去推动进行。

二是随着企业集团化、多元化发展，子公司众多，各子公司采用不同的管理模式，各自为政，不便于统一管理。而在“大数据”理念的推行下，集团公司必须加强顶层设计，由人力资源部组织构建统一的管理模式，以便在全公司范围内推动执行，并打破各公司间的壁垒，进行整体运营。

三是大幅控制管理成本，在过度竞争时代，尤其是电子商务的广泛应用，企业的竞争已演变成成价格的竞争。在产品趋于同质化竞争的时代，谁的价格低，谁就能赢得消费者，反之，谁的价格高于行业平均价格，很可能失去绝大部分的消费者。由此，企业的定价已由过去的成本加成定价法变成了目标利润定价法，即定价模式为：成本 = 价格 – 利润。内涵很简单：如果某款产品，电子商务平台上，普遍卖价是 10 元，那企业的最高定价也就是 10 元；如果企业每款产品的目标利润要达到 2 元，那企业的成本就必须控制在 8 元以下。在这种定价模式下，产品的定价完全由市场所决定，企业唯独能控制的就是成本，而且关键是人工成本和管理成本，这些成本的控制，也必须由人力资源部去推动。

由此可见，人力资源部必然成为企业未来发展的核心职能部门，成为企业价值创造的关键性部门。

3. 人才是第一战略：这才是公司的优质资产

在传统的企业管理中，许多企业往往把资金、设备看成是最宝贵的资源，而把员工看成是一种工具甚至成本，所以，这类企业没有人才之类的概念。在过去的沿海一带，只要有资金、设备和厂房，就可以开办一家加工企业，然后在劳动市场上雇用一批工人，一些低层的管理人员，企业就可以正常运营了。只要外贸形势好，订单充足，企业也可以迅速扩张，所以，那时候的企业管理人员，大多是一些高中、中专、大专学历水平，本科以上的人才非常稀少。

因为企业的运营模式简单，仅仅是帮外资企业做一些订单加工业务，没有产品研发、没有市场营销，也没有企业战略运营。只需一些基层管理人员负责公司的一些事务性管理工作，如生产管理、简单的人事管理等，企业也不可能花大钱去聘请一些高端技术人才及管理人才。

然而，近几年来，随着国际金融危机的爆发，我国外贸形势持续下滑，我国沿海一带加工企业的订单在急剧下降，导致企业经营发展陷入了极大的困境，也引发了我国制造业的倒闭潮。这时候，没有自主品牌、自主技术，也没有自主销售渠道的加工企业终于感受到了丧失自主能力的巨大危害，于是纷纷谋划转型，走自主发展的道路，这时候企业界开始兴起了人才热，开始不断向人才市场上挖掘高端人才，来填充公司的人才库。所以近年来，企业招聘人才的门槛大幅提高，清一色地要求本科以上学历，硕士博士者更受青睐，这也看出了企业经营方式及人才观念的转变。

其实，人才作为能创造价值和持续增值的唯一资源，他们是公司最核心的资源。许多一流的公司都是奉行“人才第一”的战略，把人才当成公司最宝贵的优质资产进行运营。摩托罗拉将人才视为最宝贵的资源。华为拥有 10 多万的高端人才，但它依然每天在搜索和网罗优秀人才。华为的人力资源部有个招聘团队，天天通过招聘网站等多种途径搜索优秀人才，初步达到华为的认可标准后，便邀请到华为公司面试。在深圳，每天都有上百个优秀人才被邀请到华为集中面试，由专业面试官层层筛选，把最优秀的人才留下。由此，导致沿海一带许多优秀人才源源不断地流入华为，正是因为华为的人才兴旺，才造就了华为的辉煌。

21 世纪的竞争归根结底就是人才的竞争，这已成为广泛共识。人才是企业最宝贵的资源，也是企业最大的财富，奉行人才是第一战略，正是为了不断把企业做大做强，乃至基业常青。

作为韩国最大的垄断财团之一的三星集团，之所以能成长为一流企业，原因是多方面的，但关键之一在于它实行了为韩国企业界所称道的“人才第一”战略。三星集团前董事长李秉哲常说：“企业的经营就是人的经营。”三星集团之所以能不断扩大，并能在技术密集型产业诸如汽车、电子、半导体等方面与西方发达国家并驾齐驱，关键就在于它一贯重视人才，重视不断激发员工的潜能。为此，有人曾恰如其分地评价：“三星最大的资产既不是金钱，也不是设备，而是优秀的人才。”

中兴通讯公司树立“以人为本”的人才战略，奉行的正是人才第一战略。中兴通讯的总经理曾讲过一段意味深长的话：“在高科技公司里，以往的传统物质资产经营已降到一个次要的位置，而对人才资本的经营已成为了最重要的企业行为。与其他资本要素一样，人才资本经营的主要目标就是扩张增值，引进人才，用好人才，把人才作为可使企业资产持续增值的人才资本。”

为了把“人才资本”经营好，中兴公司制定了具体的人才战略计划，分别在上海和南京成立了中兴研究院，大手笔地引进了一批高级技术人才，打造出了一支中国企业界规模最大、最具创新活力的高科技研发团队，从而让中兴通讯公司的产品在市场上一直保持着技术领先的优势。此外，中兴通讯还构建了“以人为本”的人才运营机制，中兴通讯在使用人才方面采取的是“唯才是用”政策，而不论资排辈。管理、技术、业务三条跑道的职务发展体系，为每个优秀员工提供了广阔的发展空间。

目前，“以人为本”这一理念已成为了中兴通讯企业文化的核心，也为中兴通讯引来了源源不断的人才，从而造就了人才与公司共同快速发展的繁荣局面。

企业的竞争，也体现为管理、技术和市场的竞争，而这背后归根结底就是人才的竞争，人才将成为企业的第一资源。这也将成为企业成败的一道分水岭，那些依旧停留在设备、订单等传统资产经营的加工企业，必然逐步萎缩、淘汰；而以人才资本为核心来打造系统化运营管理机制的企业，必能迎合时代趋势，而一步步走向辉煌。传统企业只有转换理念，从以往的注重物资资本的经营，转化到注重人才资本的经营，才能打造出企业的核心竞争力，确保企业在市场上的竞争优势。

4. 反思空降高管：老板，也有被“绑架”的时候

在企业里有一种常见现象，就是空降高管。有时，老板会花重金从外面聘请一些高端人才到公司来担任高管，而且老板往往都会给他们一个很重要的位置，信任有加。有的人或许会想，老板为什么放着公司那么多人才不用，偏偏去外面高价请个高管进来？有的人往往用“鲶鱼效应”来解释这个看似不合理的现象。

“鲶鱼效应”是管理学中一种有名的心理效应：在一个沉闷的环境中，引入一种外在力量来营造一种竞争氛围，给大家造成强大的压力感，从而让大家行动起来，保持一种活力。老板身边的管理层工作久了，往往会养尊处优，不像以往那样能跟老板一起卖力，由此，为了给那些管理人员造成心理压力，老板便会从外面重金聘入一些高端人才，来企业担任高管，从而给内部管理人员一股高压之势：如果再不努力起来，迟早会被替换掉！

这类例子比较多：深圳某电子科技集团公司的集团总部，一直有八大高管，内部员工戏称“八仙”，他们都是当年跟随老板一起打拼的干将，每个人背后都有一段辉煌的过去，都为公司立下过汗马功劳。而一旦上了位之后，每个人都高高在上，只坐在办公室发号施令，而不再像过去那样卖力地为老板打江山，由此也导致近些年公司的业务一直停滞不前。于是有一天，老板便以数十万的年薪从其他大公司挖来一名技术总监，并兼任总裁助理，名列九大高管的第一位，而且老板对他重用有加。这一空降高管的事件，的确在一段时间内引起了公司内部的一阵“骚动”，但老板期待的“鲶鱼效应”并没有如愿，公司管理层反而陷入了一片内斗、分崩离析之中。

空降高管一般是解决不了公司的管理层危机的，而且空降高管有许多负面效应：一是空降的高管在公司是没有根基的，如同浮萍一样，往往很难发挥出其应有的作用，更制衡不了那些树大根深的元老级高管。举个例子大家就会深刻体会：某集团公司新引进一位人资总监，希望借助他来整顿公司的管理工作。入职不久，总裁就交代他一项任务，让公司那些高管签订“保密协议”，保密协议中有这么一条，离职后若干年内不能在同行业公司从事同类工作。这无疑是给那些高管们戴上一个紧箍咒；自然遭到他们的强烈抵制。那位人资总监认为自己是总裁亲自“登台拜将”的，于是立功心切，欣然领命前往。

当他到下属一家大型子公司找总经理签保密协议时，反客为主地说了一番话：“总裁今天交代我一个任务，请你务必配合完成。”原本以为有总裁的授意，对方会乖乖就范，没想到那位总经理直接很不客气地说了一句：“你算什么东西！”把协议书一丢，拂手而去。人资总监尴尬地回了公司总部，把结果向总裁一汇报，总裁默然无语。那接下来所谓绩效考核、薪酬改革等自然也就推不起来，不到三个月，那位人资总监就不得不离职而去了。

另外，从外面空降高管，还会导致公司管理陷入紊乱，因为从外面聘入的高管，往往薪资会高出内部高管一大截，这样一来就会引起一系列不良反应。内部高管将会非常恼火，认为自己为公司立过这么多功劳，反而比一个手无寸功的人工资还低，于是便会联合起来抵制公司的工作。而老板能做的无非两个方法：要么把空降的高管裁掉，要么普调工资，把薪水拉平。

其实，老板也有老板的苦衷，空降高管的背后，往往不是所谓的“鲶鱼效应”，更多情况下是老板被“绑架”了。或许有些人会想不明白：老板在公司不是级别最高，权力最大吗？怎么会被“绑架”？其实，老板的权力绑架是一件常见的事。在许多公司里，那些高管都是跟随老板一路打江山过来的，手里掌握着很多核心业务，甚至公司的核心机密，而且每个高管都有大批的心腹，在他的工作系统里，俨然成了一个独立王国。当利益趋于不一致的时候，老板的话就会遭到高管们的抵制，导致公司许多理念、战略难以实施。而老板又不敢轻易跟那些高管决裂，因为每个高管背后都有很大的一股能量，还常常会结成一个利益共同体，连老板本人都奈何不了，空降一两个高管就更无济于事了。

当然，也有些老板有意挑起内部高管的争斗，来维持内部一种权力制衡关系，但这些都不是问题解决的完美途径；所以，针对老板被绑架这一现象，只有另寻良方。

5. 造产品前，先要造人

造产品前先造人，这是被誉为“经营之神”的松下集团创始人松下幸之助的名言。有一次，松下电器举办了一次人事干部研讨会，参会人员都是各部门的人事课长。松下幸之助问了大家一个问题：“在拜访客户的时候，如果客户问你们：松下电器到底是制造什么产品的公司？你们会怎样回答？”大家面面相觑，后来一位业务部的人事课长作了一番回答：“那我会客气地告诉对方，松下电器制造的是电器产品。”看似没有问题的回答，没想到激起了松下幸之助大发脾气，他拍着桌子说：“像你这样回答是不行的！”然后环视与会者说：“你们这些人不都是在部门任职吗？如果有人问你们松下电器是制造什么的，要是你们不回答‘松下电器是培育人才的公司，并且兼做电器产品的话’，就表示你们对人才的培育一点也不关心，就是严重渎职！”

造产品前先造人，这是非常领先的人力资源管理思想。或许有些人还没明白松下幸之助这番话的内涵，其实，只要细心思考一下，就能体会到他的深意。企业的产品是人造出来的，有什么样的人，就会有什么样的产品，也只有把人培育好，才能制造出高端的产品。回到企业的管理工作中，就会发现不同的企业，有不同的管理水平，也就造就了不同的产品质量水平。

在位居世界500强的深圳德昌电机公司，凭着单一生产的电机产品，却能成为该行业的龙头老大，产品遍布世界各地，享誉全球。这跟企业的经营管理是分不开的。在德昌电机公司，其电机产品不但技术含量高，而且还能做到“零缺陷”，也就是产品不存在任何功能缺陷，交到客户手中的产品能做到百分之百的优良，所以，它生产出来的产品备受市场青睐。深圳德昌电机公司产品的零缺陷得益于其推行的精益化管理，这是一种全员参与、全过程质量控制的管理方法。

要知道当前企业产品的生产采用的是流水线作业方式，每个员工加工完一道工艺之后，再流入下一个工人手中，每个工人把各自的工艺加工完后，产品才正式流下生产线。但只要其中有一个工人技术不行，或者操作不规范，就会导致该产品出现功能缺陷，也就成了次品。在德昌电机公司，每个员工上线生产前，都会百分之百接受产品工艺培训，完全合格后才能上生产线去生产，而且工人加工的每道工序都有追踪，在产品下线前接受 100% 的检查，一旦发现某产品出现功能缺陷，可以很快追踪到该工序的加工工人，然后再对他进行培训管理。

相比之下，其他许多生产企业，往往员工都是从外面招聘进来，只是进行简单的培训，甚至没有培训就投入生产中去，导致企业产品坏货率居高不下，既增大了企业的生产成本，又大幅降低了公司产品的品位，只能成为市场上的中低端产品。

另外，产品的质量跟每个部门，每个员工都有关联，需要全体员工保持一种系统化的理念，把每个环节都做好，最终才能生产出精品。许多企业把产品的质量只归因于生产部门和品质部门，其实这是大错特错。产品质量跟每个部门都有紧密关联，如果营销部门不能正确地反映客户的产品需求，研发部门也就开发不出好的产品；如果研发部门设计的产品，功能没有达到百分之百的合格，那生产部再怎么生产，产品都会有缺陷；如果采购部门采购的原材料存在不合格，或者物料仓管部门管理不到位，那产品的质量就会大受损害。因此，企业产品的生产原本是一个系统的过程，只有每个部门的员工能胜任工作，能把工作做好，最后汇结成的产品才是最优秀的。

企业员工的素质水平不但决定了产品水平，也决定了企业的管理水平和发展空间。只注重产品生产，而不注重人才培育的公司，往往都会陷入发展的困境。记得有一次，某生产企业的老板问我能不能帮他们员工做培训，并倒出了一摊苦水："以前企业小的时候，我带着这些员工一起经营，公司发展一路倒也不错。现在公司比以前大了不少，员工也还是那么努力，可就是发展不上去了。我一直想带着他们上进，但慢慢明白了，他们就到这个水平了，再怎么推也推不上去！”他这么一说，我也明白了，他公司遭遇了人才危机，公司上到一定台阶后，员工跟不上来了。平时不注重人才培育，临时抱佛脚，这根本不是问题的解决之道。

成功的企业，往往都是在造产品前，先把员工培养好。为什么伟大的企业能够一路高歌猛进，且难以复制？GE公司的总裁有番与松下幸之助异曲同工的话：“我们是人才工厂！之所以能够在全球的很多市场获得成功，我们真正的核心竞争力，并不是在制造业或者服务业，而是制造人才的能力。”一个以人为本，不断推动人才成长的企业，才能反过来在人才的推动下飞速发展；一个懂得经营人才的公司，才是真正懂得经营产品、经营业务的公司。

6. 从HR“棋子化”到“自动化”

在人力资源管理方面，企业界往往存在两种截然不同的管理模式：一种是HR“棋子化”，即管理者把员工当成一颗颗棋子一样，其工作完全由管理者进行调配，并完全接受管理者的监督，员工没有自己的发挥空间。反过来，员工如同棋子一样，等管理者发出指令，他才动一下，否则就在那里等待；另一种则是HR“自动化”，即员工根本不用管理者安排工作，可以在自己的职责范围内自动自发地工作。

两种不同的管理模式，折射出企业不同的用人理念和管理水平。目前，多数企业依然沿用的是 HR“棋子化”，采用严格的等级式集权管理模式。老板把任务交代给管理人员，部门管理人员再把工作分解给下层员工，员工每天把工作的完成情况汇报给管理者，再由管理者将部门工作整体情况反映给老板，上传下达，环环相扣。

沿海一带的加工企业里，这种管理模式处处可见：部门经理每天早上把员工叫进办公室，站成一排听候经理训话，查问每个员工昨天的工作完成情况，不满意时便严厉批评一番，然后再逐一分派员工今天的工作。而且，在许多企业里，每个部门都在一个大厅内集中办公，员工坐着卡座，而经理人员则坐在独立办公室里，办公室开着一个大玻璃窗，用来监视部门员工的一举一动。在这种管理模式下，员工往往会很压抑，没有一点发挥空间可言。

HR“棋子化”是建立在员工是“经济人”的假设基础上的，所谓“经济人”就是指员工素质很低，工作的目的就是获得报酬，不愿意承担管理工作，必须在管理者的领导和监督下才能开展工作。在过去，我国加工型企业的员工普遍比较低下，大多数是初高中水平，必须在管理者的指令和监督下才能正常开展工作，管理者如同企业的中枢神经系统，所以这套集权式的管理模式非常盛行。

然而，在当前知识经济时代，员工大多数都是本科以上学历，已成为“知识型”人才，这类员工普遍素质很高，追求工作自主、追求个人成长、追求价值认同感，注重自我价值的实现。在这种形势下，如果企业依然沿用 HR“棋子化”的集权式管理模式，那是会出大问题的，将会引发一系列负面问题。一是员工与管理者格格不入，知识型员工追求自主工作，希望在自己的职责范围内，发挥自身的才智，自主地开展工作，这样才会有价值感。而管理者又过于把权力集中在自己手中，想把员工像棋子和风筝一样牢牢地控制在自己手中，所以必然会引起员工的激烈对抗；二是企业管理水平会非常低，工作缺乏效率。因为管理者过于把权力集中在个人手中，去插手每个员工的工作，那么部门管理者就只能深陷于日常的事务性工作中，而无法开展一些高层次的管理工作。而员工又得不到锻炼和发挥的机会，能力难以提升，也无法发挥出潜能。由此会导致员工消极对待工作，而且人员流失率会非常高。

其实，知识型人才是不用“管”的，成功的企业往往都在及时转换管理模式，鼓励人力资源自动化。最典型的是海尔公司，海尔公司是我国实现人力资源自动化的优秀企业之一。在海尔的企业文化中，有一条出色的管理理念：日事日毕，日清日高。在海尔公司里，看到的是完全另一种景象：每个员工都会在自己的岗位上自动自发地工作，不用管理者来发布命令，也不用管理者在一旁监管，这样的企业才是高效的。那么海尔公司又是怎么做到的呢？那当然得益于海尔的 OEC 管理模式。

OEC 管理其实是由三大管理体系构成的，即目标体系、日清控制体系和有效激励机制。这三个体系汇集成了一个完美的管理过程：首先由目标体系确立目标，然后由日清体系来保证完成，再将日清体系的结果与激励机制挂钩，来激励员工向目标努力。

目标体系将企业的目标层层分解，具体到每个人每一天，要做的每一件事，让每个人都清楚自己每天要完成的每件工作，从而做到人人都管事，事事有人管。日清控制体系包括两个方面，即“日事日毕”和“日清日高”。“日事日毕”就是当天的工作当天完成，防止工作的累积。为此，公司员工都有一张 3E 工作记录卡，用来记录每人每天对每件事的日清过程和结果。“日清日高”即要求员工对工作中出现的问题不断改善，不断提高，以求每天都进步一点点。激励机制是日清控制系统正常运转的保证条件。在激励的方法上，海尔采用即时激励的方式，当天现场兑现，这也体现了“日清”的精神。

员工不是管出来的，管理的最高境界就是没有管理，让员工在一套科学、完善的体制下，自动自发地开展工作，实现人力资源自动化。而管理者要切换自己的身份，作为员工的资源提供者、协调者和管理教练。当员工工作遇到困难时，为他提供相应的资源和帮助；当员工间产生工作纠纷时，扮演好协调人的角色；当员工工作能力受限时，要当好教练，帮助员工提升技能。

7. HR 大视角：从人才“本土化”到“国际化”

长期以来，我国企业的人力资源一直停留在人才“本土化”的框框里，企业招聘的员工是清一色的本土人才。人才

"本土化"固然有一定的好处，员工有着相同的文化传统，有着类似的思维方式，有着共同的语言，所以企业管理起来相对要方便一些。然而我国企业的管理相对于欧美式管理、日本式管理又有很大的不同，我国企业使用的绝大部分是本土人才，而采用的企业管理方法，如绩效管理、目标管理等，又都是从西方引入进来的。但在灌入过程中，又会根据中国人的思维模式及传统文化进行调整，形成一套既有中国传统文化身影，又带有西方科学管理味道的独特管理模式，有的学者于是把它归纳为中国式管理。

人才"本土化"的形成有其历史背景，改革开放之后，我国加工型企业主要走的是来料加工型发展模式，即主要跟西方发达国家企业合作，帮跨国公司进行订单产品的加工生产，这种合作模式往往是：跨国公司进行产品的研发、销售以及品牌的塑造工作，而我国的加工型企业则负责招聘本地人员，购买原材料进行生产加工，把产品交付给跨国公司后，再由跨国公司销往世界各地，而我国加工企业赚取的就是少量的产品加工费。我国这类加工企业，其实就是跨国公司推行产品本地化的桥头堡，即由中国企业进行生产加工后，由跨国公司直接销往中国本土。

由于我国许多加工企业只是帮跨国公司进行产品订单加工，经营模式相当简单，而且企业经营范围非常狭窄，只在本土内进行，足不出户，所以企业使用的人才几乎全是本土人才。而相比之下，那些西方跨国公司由于推行国际化运营战略，在世界各地纷纷建立跨国子公司，于是他们的人力资源推行的就是人才“国际化”，大量招收国外人才进行企业的生产运营，引领经济全球化的世界潮流，获取了巨大的利益。

然而，近年来随着我国经济的发展，企业界也开始掀起了一股人才国际化的风潮。一些成功的国内大企业，像华为、海尔等正在积极推进人才“国际化”。海尔集团公司总裁张瑞敏有句豪言：“全球就是人才库，全球都是人才库。”在经济全球化热潮的席卷下，在网络招聘的广泛应用下，人才的国界正在被打破。

去过华为公司面试的人都知道，华为对聘入员工的英语水平要求非常高：员工必须能运用英语自由交流，能做到跟老外沟通无障碍。为什么其他生产型企业对员工英语不太作要求，而华为公司却把英语门槛提得这么高？主要原因就在于华为公司的人才国际化战略。华为的人才使用已经超越了国界，在深圳本部，华为公司招聘了大量的国外技术人才及管理人才，与国内员工相处在一起办公，所以，英语已成为华为公司的主要工作语言之一。另一方面，华为公司一直奉行走出去的发展战略，从 96 年左右就开始走向国际市场，在国外纷纷成立子公司，进行跨国经营；在国外，华为公司也必须像西方跨国公司那样，推行人才本地化。

近年来，华为国际市场发展迅速，对海外本地人才的聘用力度也在不断加大。华为的官方数据显示：华为海外本地人才的聘用，平均每年以 15% 以上的速度增长。即使在全球金融危机爆发的 2008 年，华为的海外员工都已经超过 22000 人，其中海外本地人才超过 12500 人，华为的海外员工本地化率达到了57%。正如华为的海外人才招聘口号所宣称的那样：华为非常欢迎能够帮助公司加快国际化进程的各领域人才加盟。

除了华为公司之外，我国的其他大型公司，如海尔、联想、TCL、中兴通讯等都在推行经营国际化战略，而企业要走出去，关键的一环就是人才“国际化”。对于一些企业来说，人才“国际化”听起来似乎很遥远，而事实上，它却近在眼前。由于经济全球化热潮的兴起和我国经济形势的变化，从人才“本土化”，过渡到“人才国际化”，这是大势所趋。

一方面，经过改革开放数十年的经济发展，我国已经诞生了一大批颇有影响力的大公司，当他们在国内发展到一定阶段后，必然要走出国门，推行国际化运营；另一方面，由于我国生产成本的持续上升，近年来，我国许多行业的生产成本已经达到美国同类行业的90%，有的甚至已经超过了美国，在丧失成本优势的情况下，我国许多企业必然会走出国门，流向相对成本比较低的国家和地区，如印度、越南等。由此，人才国际化必然是企业人力资源发展的大势所趋。

SHIJIE 500QIANG

J.P. MORGAN CHASE &

埃克森美

EXXON

巴西国家石油公司

日立 HITACHI

FORD MOTOR

Apple(苹果)

美国快捷药方控股公司

法国巴黎银行

SIEMENS

BMW

摩根大通 J.P. MORGAN CHASE &

康德乐

法国电力公司

三星电子SAMSUNG ELECTRONICS

THE WORLD'S

top 500 director of human resources management notes

第二章 把好招聘关

有位世界500强企业的总裁曾给人力资源部这样的评价："人力资源部虽然不懂得赚钱，但却懂得给企业找来会赚钱的人。"的确，企业的人才水平就取决于HR的招聘水平。选人如同选钻石，需要用心去甄别。只有拓宽企业的招聘渠道，严把招聘关，才能源源不断地为企业猎取到出色的人才。

1. “一流人才”VS“三流人才”

当前企业界似乎都形成一种理念：企业的竞争就是人才的竞争。于是，在很多企业里，老板整天呼喊着要一流的人才，以为拥有了众多一流人才，企业就能立马腾飞。我在一家高科技企业工作时，总裁曾在一次内部会议上说了一句颇有感触的话：“这些年来，我们用的是三流人才，做的却是一流的工作。”的确，这家以电子政务业务为主的软件公司，招聘的员工都是一些本科级，学校名不见经传，经验也不丰富的员工，工资待遇也并不高，而做出的电子政务软件产品，却是行业一流的，在全国许多省市广泛使用，而公司也成了该行业的领军型企业。

企业到底需要的是“一流人才”，还是“三流人才”？是不是企业全换成一流人才，事业就能立即腾飞起来？是不是有三流人才的企业，就一定会成为三流的企业？其实未必。马云曾说过这样一句话：“当你有一个傻瓜时，你会很痛苦；你有50个傻瓜是最幸福的，吃饭、睡觉、上厕所排着队去的；你有一个聪明人时很带劲，你有50个聪明人实际上是最痛苦的，谁都不服谁。”

“一流人才”和“三流人才”并不是用谁来替代谁，其实两者各有所长，企业要做的就是合理搭配而已。一流的人才往往是理念很先进，思维很灵敏，能有许多好的点子。但一流人才也有自身的缺陷，即动手能力未必很强，而且人很自负，往往只坚持自己的观点。如果公司全是一流人才，那大家就只能是观点的碰撞，谁也不服谁，导致一群人纠结在一起，什么点子也落实不了，如同一盘散沙；而如果公司全是三流的人才，那大家也只是在盲目地做事，没有一个好的方向，从而也做不成什么大事。

所以，企业要做的就是让一流人才和三流人才合理搭配，利用一流人才来创意出一流的点子，利用三流人才来贯彻执行，这种组合是最完美的。那么，哪些人算是一流的人才？往往是公司的总裁、总经理、部分高管和尖端技术人才等。大家都知道，成功的企业背后，一定有一位成功的总裁，例如阿里巴巴的背后是马云，华为的背后是任正非，海尔的背后是张瑞敏。这些“一流的人才”都有一些一流的理念和点子，然后物色一些得力的干将组成一个好的管理班子，再带上一群员工去把那些好的点子贯彻落实下去，于是企业就成功了。

联想前董事局主席柳传志曾把管理归纳成“三要素”，即建班子、定战略，带队伍。企业总裁首先是组建自己的得力管理班子，也就是企业的一流人才；然后定出企业的发展战略，即企业一流的点子；第三部就是把全体员工带动起来，带着这些“三流人才”去落实那些一流的理念。这样，企业运营起来就非常顺畅了。

海尔公司为什么能从上世纪 80 年代一家濒临倒闭的冰箱

厂，发展成无论是业绩和还是管理，都稳居一流的世界知名企业？这背后都离不开张瑞敏的影子。例如，海尔公司的一流管理理念“日事日毕，日清日高”“真诚到永远”是张瑞敏提出来的，其一流的企业文化——海尔文化，也是在张瑞敏的主导下建立起来的，如同张瑞敏后来回忆说：“海尔文化当年是从禁止员工在车间随意大小便开始做起来的。”就可以知道张瑞敏80年代主管海尔公司时，面对的是什么样的员工，而今却发展成了国内管理最规范的企业之一。

此外，海尔的成功，主要也在于张瑞敏的一流点子。例如，海尔公司的成功，很大一部分源自对外兼并，以实现企业多元化、倍增式的发展。而在并购过程中，张瑞敏发明了一套“休克鱼理论”，所谓休克鱼，就是大家在菜市场上买鱼时，经常会遇到有的鱼因为缺氧，于是翻着肚皮呈现假死状态，鱼老板就把它捞出来丢进鱼堆里，以低价出售；而精明的人把休克鱼买回去后，放在清水里一泡，又变成了一条活鱼，于是，以死鱼价买到了一条活鱼。

海尔公司后来就是用这一套理论去开展对外兼并工作，寻找一些因管理不善而濒临倒闭的企业，兼并过来后再进行管理变革，把海尔公司这套先进的管理模式贯彻进去，将它快速同化成一家海尔公司，结果屡试不爽，取得了非常大的成功。

所以说，成功的企业往往注重“一流人才”和“三流人才”的合理搭配，以少量一流人才作为领军型人物，借助三流人才来贯彻他们的理念和点子，这时，企业就成功运作起来了。不是一流人才越多越好，全是一流人才，企业反而会陷入瘫痪，因为谁也不服谁，谁也领导不了谁。正如马云所说：“聪明的人大都离开了阿里，留下来的都成了富翁。”

2. 老板是“求才若渴”还是“叶公好龙”

企业是离不开人才的，老板们也常把引进人才挂在嘴边。但是，老板对人才有截然不同的两种态度，即“求才若渴”与“叶公好龙”。所谓求才若渴，就是老板见到人才后，能够不惜代价地把人才聘入公司，并委以重任。如同三国中的刘备一样，见了诸葛亮，能够诚心诚意地三顾茅庐，然后拜为军师，敬若神明，言听计从。而所谓叶公好龙，如同三国中的刘表一样，看起来爱惜人才，礼贤下士，但却把人才供养起来，形同摆设一般，只为了虚名或好看而已。

老板对待人才，是“求才若渴”还是“叶公好龙”？对于不同性格的老板，有不同的态度。但大部分老板往往都是自视很高，做事很集权，把人才聘入公司也只是为了装点一下门面。或者出于一时的利益考虑，对待人才持有一种商人的心态，如果有利可图，便对人才恭维一番，一旦觉得没有什么利用价值，就会原形毕露。

记得有一家软件公司的总裁，平时最爱做的事情之一就是人才招聘。深圳的会展中心一年有四次金领人才招聘会，也是深圳规模最大的中高端人才招聘会，总裁每次都要去光顾一下，看看能不能“淘”到一些人才回来。有一次，他遇到一个刚从某大型软件公司辞职出来的软件研发工程师，技术水平相当高。于是欣然把他聘入公司，并委以研发部经理的要职，希望他能把公司的研发水平提升上来。那位张经理也非常感激总裁的知遇之恩，于是带领公司的研发团队，每天加班加点地进行技术研发，两年过去了，也为公司做出了不少贡献。后来，老板又在人才市场上遇到另一个人才，在某大型软件公司从业近二十年，经验丰富，能说会道，把总裁说得开开心心的。而且那个人生财有道，善于做一些吸收创新和集成创新，能在市场现有技术的基础上，然后进行改进创新，开发出一些盈利颇丰的软件产品。这让老板非常赞赏，然后把他提拔为研发部经理，而原先那位张经理立马降为项目经理，冷落一旁，导致对方愤然离职。

后来，有一次，老板在人才市场上遇到一位学新闻专业的女孩，文笔颇佳，写过不少书和文章。看过女孩作品后，老板一时间非常欣赏，于是当即聘入公司，让她担任公司的文化大使，专门负责写公司的新闻报道，然后发布在公司网站上。但在聘用期间，由于公司新闻很少，一个月写不了几篇，导致那女孩平时摆在那里没什么事可干。老板一下就变了态度，认为利用价值不大，于是便常常对那女孩斜眼相看，逼迫对方离职。

这种对待人才的心态就属于叶公好龙，完全出于一种功利心态，有利可图便佛眼相看，把他视如座上宾，甚至捧上天堂；一旦觉得利用价值不大，立马现出本相，将对方打入地狱。这是一种典型的商人心理，也不可能俘获人才的心。

还有一种老板把人才纯粹当成一种装饰品，看起来很爱惜人才，很尊重人才，却不把对方的才能发挥出来，只是当成自己的陪衬。曾看过这样一个案例：

有一次，浙江一位集团公司老板跑到清华去聘请一位管理学博士做顾问，月薪一万五，对于刚毕业的博士来说，在没有工作经验的条件下，这个待遇已经是非常诱人的了，于是那位博士欣然前往。加入公司后，博士表现得非常积极，不断地给老板提建议，但老板只是笑一笑，很少采纳博士的建议，因为公司的策划和决策一直是老板一个人做的。

老板经常带着博士出入各种社交场合，跟合作伙伴、政府官员会面时，老板得意地向他们介绍说："这是我的助理，清华大学的管理学博士生……"起初，博士还很有一种自豪感，但慢慢发现，老板并不要他做什么事。博士写的策划书，老板也是放在一边，终于博士明白了：老板高薪聘请他过来，并不是看重他什么能力，只不过是把他用来当作活广告，帮老板装点门面而已。对博士而言，像在吃青春饭一样，平生所学并没有一点实践的空间，于是博士最后毅然辞职。

只有少数老板能够放下自己的姿态，虚心对待人才，能够根据公司的发展需要，去物色一流的人才，然后把手中的某些重要工作全权放下去，充分利用人才的价值，来倍增自己。这就是“求才若渴”的心态，这类企业往往能真正腾飞起来。

在深圳某世界500强企业工作时，公司的总裁就是一个典型。他旗下有四个事业部，三十多个产业园，年产值数千亿。他如何能驾驭住这么庞大的公司？他的方法就是物色一流的人才，并委以子公司总经理的重任，手中汇聚了一百多位总经理。总裁的主要工作就是三项：一是全国四处调研，发现新的投资商机，然后成立子公司，把该业务运作起来；二是物色一流的高管，重金聘入后，让其担任子公司总经理，全权负责子公司的运营；三是公司每年召开两次总经理工作会议，年终时在总经理会议上，由各总经理汇报经营结果，子公司经营指标的达成情况，并制定下一年的经营目标；次年年中的总经理会议上，监督各子公司经营指标的进度情况。如此一来，各子公司每年的增长速度普遍在20%～50%，公司两三年翻一番，实现了倍增式发展。

所以说，对待人才，老板应该放下心态，真正做到求才若渴，能够虚心地网罗人才，并委以重任，把人才的价值充分挖掘出来，而不能像叶公好龙一样，把人才当成一种摆设或投机。

3. 企业的“人才客栈”

在一些古装电视里，我们经常看到一些客栈，这些都是一些武侠短暂居住的流动性场所。但有的企业也不经意成了一家人才客栈，意思就是公司刚招进一些人才，可没多久就离职走人了，这样，企业就成了人才的短暂跳板。这是许多老板最头疼的事，因为企业好不容易招进来一个人，花了不少招聘成本和精力，也付了好几个月工资，可没给公司创造出什么价值就跳槽走人了，意味着企业在这个人才身上的投资上是失败的。

一般来说，一个基层岗位的员工要在企业磨合三个月以上才能融入工作，经理级以上员工要磨合 6 个月左右才能进入状态，而前面的磨合期几乎是公司的培训期，是新员工的学习阶段，不能创造出什么实际业绩，而公司每月的工资却得如数照发。如果在这期间离职了，那意味着企业在该员工身上付出的成本远大于收益，企业亏钱了。所以，企业老板往往都希望每个员工都能在公司工作 2 年以上，最反感的就是员工在公司短暂停留就跳槽。

我曾在一家集团公司从事人力资源管理工作时，有一天，总裁气急败坏地把我找过去，让我去处理一起离职事件。事情是这样的，半年前，公司从大学里招聘了 10 位应届本科生，作为公司的储干进行培养，分散在一些部门，并安排专人带他们工作。几个月后，那些大学生以各种理由陆续离职，只剩最后一位，安排在研发部进行培养，而今刚能步入工作，却想跳槽走人。

当我走进总裁办公室时，总裁和总经理正在谈论这事，总裁懊恼地说了一句：“如果这个学生一走，那我们这个储干计划就全盘失败了。”于是，我找来那名学生，跟他进行了一次长谈。问起离职的原因，他的理由是感觉自己英语不错，想去外企工作。不论我以工作、薪水来吸引他，都无法改变他的想法，见他去意已决，总裁最后也是懊恼地签批了他的辞职申请，只是从此后，公司很少再招储干进行培养。

为什么企业会出现人才客栈这种现象，关键是企业在招聘人才时，没有考虑一个原则：招聘合适的人。所谓合适，就是招聘的人适合这份工作，而且也喜欢这项工作，二者缺一不可。如果对方不胜任工作，肯定要被公司裁掉；而如果公司满足不了人才的要求，那公司最后也就成了人才流动的一家客栈而已。很多公司的经验表明，你雇佣什么样的人对你能否留住人才至关重要。匆匆忙忙地抓一个掌握公司所需技术的人来，而他半年不到就离职了，这会给公司带来很大的麻烦，因为花重金刚培养起来的人才便鸡飞蛋打，而重新去市场上招聘一个人才，所花的成本往往是三到五倍。

许多企业在招人时，没有考虑到这一点，往往不管是什么岗位，招聘时追求的都希望是最优秀的人才。从企业的招聘过程就可以看到这一点：招聘一个人前，人事部往往会在人才市场或招聘网站上收集一大堆的简历，然后精挑细选出最优秀的人，再经过层层面试，找出最后的胜出者。如果是好的岗位，招聘最优秀的人才是没什么问题的，如果只是一般性的岗位，招聘最优秀的人才，注定对方会把公司当成短暂栖居的客栈。

美国家庭存储公司的首席行政执行官米尔纳曾讲过这样一句话：“最好是花一些时间，去确定一个人才有没有可能留下来。”以前家庭存储公司在雇佣人才时，并不关注他们是否愿意长时间地待在同一公司里，或者能否适应公司的文化，结果导致团队精神变得非常紧张，人才流失严重。现在家庭存储公司已经彻底改变了招聘政策，通过许多面试和测试来甄选求职者。米尔纳说：“我们不希望雇佣那些老想跳槽的人，那怕他再有才华!”

的确如此，如果采用不正确的招聘方法，将会导致近乎50%的新员工在工作半年内会选择跳槽，而跳槽的根源就在于“人职的不匹配”，也就是众人所说的“好马没有配好鞍或好鞍配的不是好马。”但公司倘若能采用恰当的招聘方法，尽可能全面地获取求职者的信息，并将其与岗位的需求，公司文化相对比后作出录用决策，这将会使离职率降低至10%以下。

被尊为“经营之神”的松下公司创始人松下幸之助，在人才管理方面有丰富而独到的见解。松下幸之助认为：“人才的雇佣，应当以适用公司的程度为好，程度过高，反而未必有用。当然，水平较高能认真工作的人也不少，可是这些人往往会抱怨地说：‘在这个破地方工作，真倒霉。’如果换成一个水平差不多的人，他却会很感激地说：‘能在这里工作，还是蛮不错的!’从而倾力地为公司工作。这不是很好吗?”由此，松下幸之助很注重“适当”这两个字。适当的工作，招募适当的人才，虽然不能达到100分，但达到70分是不成问题的，达到70分有时候反而会更好，这就是松下幸之助的人才观。

由此可见，在招聘工作中公司一定要招聘到一个“合适”

的人才，做到人职匹配，人事相宜。既不进行人才低消费，也不进行人才高消费，只有这样才能保证所招募的人才是合乎公司需要的“合适人才”，公司后续的留才策略才能对其发挥功效，否则对方可能仅将公司当跳板，充当一名“匆匆过客”。

4. 猎头攻略：HR 猎取关键人才的手法

人才招聘是 HR 的一项重要工作，也是一项颇有压力的工作。有的人认为招聘就是对外发布一下招聘信息，然后再对应聘者进行一番面试，挑选出满意人才的过程。说起来轻描淡写，似乎非常容易。其实，HR 的人才招聘分为两类，一类是普通人才，像一些专员类、基层类管理人员，这类人才的信息资源非常多，HR 往往通过一些常规的招聘手法就可以顺利完成工作，常见的是：专业招聘网站、人才市场现场招聘会、校园招聘、内部员工引荐等。

但对于一些稀缺的关键性人才，如专业技术人才、高端管理人才，这类招聘就不那么简单了，也是 HR 最头疼的事。因为这类关键人才处于人才体系金字塔的上层部分，属于社会精英阶层，数量非常稀少。对于企业来说是一种稀缺资源，而且往往都已有较好的工作，不会流入人才市场，在专业招聘网站上也很难搜索到这类人才的信息。如何把他们找出来？这时候，许多 HR 人士就会非常头疼了。在很多公司里，招聘一位营销总监、研发工程师之类的关键人才，往往半年时间都到不了岗，而公司又急着要，老板又催得紧，从而让 HR 倍感压力，甚至绝望了。

许多公司往往会把这类关键人才委托给猎头公司，通过高额付费的方式，借助猎头公司来猎取高端人才。为什么猎头公司能有效完成招聘工作，而公司的 HR 却束手无策呢？这自然归因于猎头公司的独特手法。公司 HR 招聘与猎头公司招聘有很大的区别：HR 用的往往是常规的渠道，如人才市场、招聘网站、校园招聘等。但问题的是关键人才往往都已有稳定的工作，不会轻易流入人才市场，HR 通过这些渠道搜索关键人才，无异于缘木求鱼；而猎头公司在猎取关键人才时，往往有独特性的门道。猎头公司为什么敢于向公司收取巨额的人才招聘服务费？因为它有一个独特的法宝——人才数据库。猎头公司是非常注重人才数据库的建设，因为它是一个猎头公司的实力体现，猎头公司往往会通过多种专业渠道来获取关键人才信息，来不断扩充公司的人才数据库。

网络寻访：猎头公司每天会留意各种新闻媒体上有关高级人才的信息，通过网络、新闻、报纸、杂志、常规网站、论坛、社交网站、QQ 群、MSN、微博、微信等来寻找人才，随时记录，随时存储。

会务寻访：派出嗅觉敏锐的猎手，参加各种大型商务活动或社交活动，尤其是一些高端人才培训会、高端论坛等，这些场合往往是高端人才聚集的地方，猎头公司可以寻找各种猎物，获取关键人才信息资源。

隔墙设耳：在一些大型知名公司里发展内线，建立一支兼职猎手搜索队，来获取大公司内部人才信息。

撒好渔网：借助一些媒体广告宣传，吸引高端人才，积极接受他们上门登记或上网登记。

广求资源：对人才集中的地方，如高校、研究所、培训公司、行业协会、专业招聘网站的客户服务部等，通过内部交易或合作的方式，来获取高端人才信息资源。

资源共享：猎头公司之间互换人才库资源，从而快速扩充公司的人才数据库。

一旦猎头公司的人才数据库建好了，那么针对别的公司委托的关键人才招聘服务，就可以直接在猎头公司的人才数据库里寻找匹配的人才信息，然后就可以通过高薪、高职位、好的发展前景、情感线等多种方式来挖取人才。

当然，如果有些关键人才在人才数据库里找不到合适人选，那该怎么办？其实，猎头公司还有一绝招：Cold Call，即陌生拜访。针对该类关键人才所处的行业，找到该类行业的大型公司联系电话，就可以通过电话访谈的方式，联系到该公司内部的尖端人才，然后私下跟进和沟通，通过挖墙脚的方式，把他们挖取过来。对于猎取一些营销高管、工程师、公司总经理之类的人才，这种方式非常有效。

而作为公司的 HR 部门，也必须学习猎头公司这种猎才手法。毕竟借助猎头公司，是要付出巨额人才招聘服务费的，而且一旦猎取到的人才快速离职，那对公司来说，将是一项巨大的亏损。所以，公司 HR 部门在招聘过程中，也必须建立自己的关键人才数据库，将招聘过程中收集到的一些尖端人才信息，存入公司的人才数据库中，积累自己的人才库资源，并辅助一些“挖墙脚”的手法，来猎取关键性人才。HR 在猎取关键人才时，一定要有针对性，要摸到对方的习性和活动范围，才能有的放矢。

曾看过这样一个案例：美国有一家生物制药企业，名叫 Chiron 公司。随着公司规模的扩大，公司需要大量的药剂师。结果，该公司招聘主管在尝试了互联网和很多其他的搜寻方式之后，他惊讶地发现，在人才市场上，普通药剂师竟然非常紧缺。于是，他不得不采用一些富有创意的手法：跟柜台后的药剂师聊天，谈话的内容包括：“如何与药剂师取得联系?”“药剂师喜欢访问哪些网站?”通过这种聊天的方式，他了解到：药剂师们喜欢在晨会时收听国家公众电台（National Public Radio）的新闻节目。于是，Chiron 公司通过赞助本地公众电台，向外界发出了招聘信息。公司原希望有 100 名候选人露面，结果在一周内就获得了 300 多名候选人。

此外，公司 HR 还可以与同行业其他大型公司的 HR 部门“结盟”，以求资源共享，最典型的做法就是“简历共享”，即当公司人才数据库里找不到合适人才时，可以请求同盟公司推荐，因为对方可能有这方面的人才资源，且一时又用不上，这样就可以相互支援。

5. 严把面试这一关：选人就如同选钻石

面试是人才招聘中的一个关键环节，在那么短的时间内，如果还不严格把关的话，就很可能会错看人才。在面试过程中，公司常常会犯三种错：第一种错就是草草地看看人才简历，简单地沟通几句之后，便匆匆地给对方下结论，认为对方不怎么样，结果错失良才。

曾经看过 HR 届一个有趣的讨论：如何猎取像乔布斯那样的人才？乔布斯的特别之处就在于他简历上没有提到的东西。如果只看简历上的教育背景和工作经历将导致谬误：在创立苹果之前，乔布斯只是个二流大学的辍学生。他还透露，他在利兹大学学到的最重要的课程，竟然是书法课。想必在面试时，如果看到的是这样一个背景情况，估计绝大多数公司会把他否定掉。而人才最终是否能成功，不是取决于他的简历，而是他的其他素质：领导潜力、个性以及人生目标。

第二种是面试时觉得他经验丰富，专业技能水平不错，但进入公司后却发现他跟公司赋予的期望大相径庭，工作开展不起来，毫无起色。

第三种是觉得一个人能力和素质相当不错，高薪高位聘入之后，却不是把精力和才智放在公司的事业上，而且借助公司的平台来谋取私利，结果让公司大受损害。面试原本是一项很严谨的工作，一时的疏忽大意，将会给公司未来带来莫大的损失，唯有严把面试这一关，才能挖到人才的金矿。一家公司要想持续健康地发展，在选拔人才方面一定要下大力气。

惠普一直坚信：优秀员工才是公司最重要的资产。由此，惠普的管理层总是把招聘人才这件事排在所有工作的首位，把选拔人才当作公司的头等大事。中国惠普总裁孙振耀先生，曾把招聘新员工比喻成“去挑选一件珍贵的物品”。以前，在公司规模还不是很大的时候，每次招聘，他都要亲自与新员工面谈；后来公司规模大了，时间不够了，没有精力来把控每个新员工，但在招聘经理级人员和关键岗位人才时，都少不了他的身影。

曾看过这样一个故事：有一次，一位应聘销售人员的求职者，对孙振耀亲自面试自己感到大惑不解，于是面谈时问道：“我只是面试一个小小的 Sales，用得着你这个堂堂的中国区总裁亲自出马吗？”然而，孙振耀却不这么认为，他解释道：“如果你要去买一件非常珍贵的东西，你会托付别人去买吗？比如说是一颗钻石，你肯定会亲自去挑选！”

“选人如同选钻石”，正是基于这样的认识，惠普各级管理人员都要拿出足够的时间，来参加面试。因为在惠普公司，这是管理者最重要的一项工作，管理者不仅要面试本部门招聘的员工，而且还要作为面试小组成员，参与其他部门招聘新员工的面试工作。

反观一些公司，在面试的时候简单的两个环节，由用人部门负责人依据求职者简历，随机性地问几个问题就来下结论，未免太疏忽和武断。其实，评价一个人是一项很困难，很复杂的工作，必须通过多个环节考核，通过多个角度评价，才可能看透人才的本质。简历一般，外表平平的人未必就不堪重用；经历丰富、简历花哨，能说会道者未必就是公司想要的人才。由此，在面试时，必须经过层层把控，方能选出人才。

联想集团在招聘时，对人才的选择坚持两大标准：对公司核心价值观的认同以及“人岗匹配”。只有认同公司的价值观，才可能是一个“志同道合”的人；而对于后者，联想认为“不一定要找最优秀的人，而是要找最合适的人”。这种合适，就是员工能够胜任岗位，而且乐于从事这一岗位。

IBM 全球人力资源总裁针对人才招聘问题，提出了四点要求：第一是自豪感，第二是创新，第三是灵活性，第四个就是高绩效文化。而针对“高绩效文化”，并不在于你的学历和出身，而是看你真正在工作上的贡献及工作热情。IBM 是这样来界定高绩效的：一个是 win，就是所谓的必胜的决心；第二个是 execution，就是又快又好的执行能力；第三个是 team，就是团队精神。有这三种特质的人，就是 IBM 所追求的高绩效的人。

所以，在面试人才的时候，一定要从多层面来评定一个人，既要看经验、技能，又要看求职者的道德和潜质。而且在面试过程中，尽可能地安排多个环节，多个部门负责人充当面试评委，采用多种有效的面试手段，才能筛选出钻石般的人才。

6. HR 常用的面试手段

对于面试的方法，不同公司，不同层级的求职者，采用的方法也各不一样。但大多数公司使用最普遍的是结构化面试。结构化面试就是事先把面试的内容分为几个模块，每个模块设计好几个考核的问题，并确定好评分标准，然后在面试过程中，依次按照各模块顺序，向求职者提问事先准备好的问题，面试官根据求职者的应答情况评分，最后得出对求职者的整体表现评价。

企业结构化面试的模块一般包括：以往的工作背景、基本素质情况、专业知识情况、个人家庭生活情况等。其中，工作背景主要包括求职者以前在各公司的工作内容、经验的丰富程度、主要突出贡献等；基本素质情况主要考核求职者的沟通能力、应变能力、抗压能力、工作心态、职业道德等；专业知识主要考核岗位所必须具备的一些专业技能；家庭情况主要关注求职者的婚姻状况、生育状况、个人理想等，考核员工是否会在公司待长久。

结构化面试是一种比较实用的面试方法，可以比较全面地考核求职者，而且面试过程比较正规、标准化，能比较准确地综合评价求职者，并进行分数排名，比较出彼此的优劣。而不像一些公司那样，面试官漫无目的地随意发问，却又得不出一个明确的结果，也不能有效地区隔出满意的招聘对象。

如果面试对象比较多，而且主要针对主管、经理级的面试者，企业往往为提高面试效率，而采用“无领导小组讨论”的面试手法。无领导小组讨论的实质是采用情景模拟的方式，对求职者进行集体的面试。它通过给一组求职者（通常是3～5人）几个与工作相关的问题，让求职者们进行一定时间（一般是1小时左右）的讨论，让其自由发挥，来检测求职者的表达能力、反应能力、交际能力和实际工作能力等各个方面的能力与素质，用以综合判断对方是否达到拟任岗位的用人要求，以此来综合评价求职者之间的优劣。

在无领导小组讨论中，主考官给求职者一个彼此平等的角色，让他们自由辩论，主考官则以旁观者的姿态去观察每个求职者的表现，从而得出评价结论，这也就是无领导小组讨论名称的由来。无领导小组讨论，其实就是让求职者之间现场PK，像擂台比赛一样，谁能胜出，一目了然。

当然，如果针对的是经理级别以上的中高层管理人员，公司往往还会最后加一道面试关述职。如果经过前期面试，老板初步准备聘用了，为了确保求职者能真正胜任岗位工作，老板会让他写一份《未来工作计划》，让他以这个岗位员工的身份，写一份到岗后的工作计划安排，老板初步认可后，再约一个时间让他前往公司会议室述职，老板邀请各部门负责人担任评委，在求职者讲完未来的工作计划之后，由各评委从各实际角度发问，由他来“答辩”，就像“诸葛亮舌战群儒”一样，如果顺利通过了，那他就真正入职了。

当然，在面试过程中，为了评估求职者回答问题的真实性，往往还会附带实用“STAR”面试法。“STAR”其实并非“星星”的意思，而是由四个单词的缩写组成的词组：“S”是situation，情景；“T”是target，目标；“A”是action，行动；“R”是result，结果。“STAR”面试法是一种常用而非常有效的面试方法，能很快挖掘出求职者过去所做过的事情。具体操作是：先问情景（situation）：“以前是在什么情况下做这件事的?”然后问目标（target）：“能不能告诉我你做这件事的目标是什么?”接下来问行动（action）：“你为了做这件事情采取了哪些行动?”最后才问结果（result）：“你取得了那些显要的成绩?”

例如，有的求职者会说：“我以前是公司最出色的销售员，销售额在我们营销部一直遥遥领先。”很多面试官会听了很满意：“不错，你果然很能干。”但其实这个回答并没有什么实际价值，因为面试官从中得不到任何信息。而如果面试官追问：“你推销的是什么产品？是用什么方法推销的？在哪个区域销售？区域需求量怎么样？产品的客户反应是什么？你采用哪些好的营销策略？能不能讲一个你成功推销的实例?”最后再问结果，针对他所说的“我是公司最好的销售员”，面试官就要追问他：“你们公司有几个销售人员？有什么指标来评价你们的业绩表现？你具体的销售额到底是多少?”通过不断追溯求职者的过去，才能把求职者过去的行为表现问出来，如果对方撒谎，那一定会前后矛盾，口拙词穷。

7. 防不胜防的面试怪招

流程式、结构化的面试，求职者已广为熟悉。针对公司常用的 HR 初试、专业笔试和用人部门的技能复试，许多求职者已经是“久经沙场”，对那一套已经摸得滚瓜烂熟了。由此，不少求职者都事先做了预演和准备，在面试过程中往往能见招拆招，甚至通过一些虚假简历、虚假工作经历来闯过面试关。所以说，如果公司依然只用常规面试手段来甄选人才，往往可能会看走眼，导致一些求职者鱼目混珠，蒙混过关。由此，一些成功企业，在面试过程中，往往会出一些面试怪招，把求职者心神打乱，杀个“措手不及”，这样才能挑选出真正的人才。结合一些大型公司的面试手法，我把一些怪招列举如下：

压力测试：无疑，这类面试意在测试求职者的应变能力和抗压能力。这类测试往往采用“刁难”应聘者的手法，表面上有些不近人情。苹果公司的创始人乔布斯在招聘员工时，就喜欢故意用压力来“刺激”面试者：“以你当前的条件显然不具备聘用资格，你还有什么要说的吗?”故意把求职者逼入绝境，然后再观察他的反应。

记得有一次去深圳广聚能源公司面试时，该公司总裁在面试快结束时，故意问了一个问题：“如果你到我们公司来，不给你加工资，你怎么办?”我应付了几句。结果，他继续追问："如果不是一两年，而是五年十年，甚至一直不加工资，你会怎么办？"一连串的尖锐问题直逼得我手忙脚乱。面试结束后，总裁站起来，客气地笑了笑说："刚才只是开个玩笑，公司不可能不给员工加工资。"这种面试考察的是应聘者的心理承受能力，应变能力及其求职动机和价值观等。

思维测试：这类测试题目往往比较简短，但角度刁钻，而且没有标准答案，完全是发散性思维，以此来测试求职者的应变能力和思维广度。微软公司最喜欢用这种方法，在面试过程中，往往给求职者提一些挑战思维极限的问题，如：下水道的盖子为什么是圆形的？海里有多少的水？海滩上有多少颗沙粒？这些问题看似无厘头的，但面试不在乎你给出答案的对错，因为这类问题原本就没有标准答案。面试官在乎的是你如何去思考这些问题，有哪些创新性的观点和看法。

马拉松式面试：这类面试环节较多，过程故意拖得很长，用以考察求职者的"耐力"和决心。微软公司的面试招聘采用的就是"马拉松面试"，求职者需要与部门工作人员、部门经理、副总裁、总裁等五六个人交谈，每人大概一小时，但大家交谈的内容各有侧重。除涉及信仰、性别歧视、种族歧视等敏感问题之外，其他问题都可以涉及，让求职者难以准备，面试时尤其重视这几方面：重视应试者的反应速度和应变能力；重视应试者的口才；重视应试者的创新能力；重视应试者的技术背景；重视应试者的性格、爱好和修养。

赛场赛马：给应试者一个公平的竞赛平台，让优秀人才脱颖而出。前段时间，苏宁电器公司旗下的苏宁易购子公司到某高校去招聘优秀毕业生，采用的方式就是让毕业生自己组队，参加苏宁易购组织的“大学生创业大赛”。第一轮是组建团队，编制创业策划书：如何发展苏宁易购的会员。结果大学生们组建了50余个团队，然后由苏宁易购的高管担任评委，由每个团队来讲解其创业思路及策略，经过评委们打分淘汰，留下了15个脱颖而出的团队；第二轮是让初步过关的团队去实施他们的创业方案，用他们的策略去发展会员，并统计出各自的会员开发量。这样又淘汰了10个团队；第三轮是召开总决赛，让胜出的5个团队各自总结自己的经营成果、成败经验，通过苏宁易购的高管评委打分，最后评选出冠亚季军，以及每个团队里面表现出色的先进队员，于是，这些胜出的团队及队员，就被苏宁易购愉悦地聘用了。

虚虚实实：面试的时候，主考官故意问一些看似矛盾的问题，来观察应聘者的反应。曾看过这样一个案例：有一家公司准备招聘一名公关部长，经过一番淘汰筛选后，只剩下三名求职者等待最后的复试。复试在一个房间里举行，每一名求职者进入考场，主考官都说：“请您把大衣放好，在我面前坐下。”其实，房间里除了主考官使用的一桌一椅外，什么也没有。结果第一名求职者不知所措，情急之下脱下大衣，放在主考官的桌上，然后说：“还有什么问题吗？”结果他第一个被淘汰了，原因是他惊慌失措，没有应变能力。第二位求职者的回答是：“既然没有椅子，就不用坐下了，谢谢您的关心，我愿听候下一个问题。”此人处事老练，只是机智不够。第三名求职者在听到发问后，眼睛一眨，把自己等候时坐的椅子搬进来，放在离主考官一米远处，脱下大衣，折好后放在椅背上，然后坐在椅子上听候下一个发问。这个人被成功录用为公关部长。

像这些怪异的面试招数，在一些大型公司，尤其是外资企业里很常用，作为在技能测试之外，考察员工应变能力、思维、性格、品德、价值观的一种有效手段，能够在应聘者毫无准备的情况，观察出他原始的反应，使用起来往往屡试不爽。

SHIJIE 500QIANG

J.P. MORGAN CHASE &

埃克森美 EXXON

巴西国家石油公司

日立 HITACHI

FORD MOTOR

Apple(苹果)

美国快捷药方控股公司

法国巴黎银行

SIEMENS

BMW

摩根大通 J.P. MORGAN CHASE &

康德乐

法国电力公司

三星电子SAMSUNG ELECTRONICS

THE WORLD'S
top 500 director of human resources management notes

第三章

透视世界500强企业的用才标准

许多企业在用人时，没有明确的任职标准，在岗位人才配备时，完全凭用人部门领导的感觉，从而导致企业的用人制度一片模糊、混乱，许多潜在的人才得不到有效的培养和提拔。而成功的企业，会对用人岗位，尤其是关键岗位，建立完善的任职条件，对人才实行内部认证，确保符合任职条件的人才得以升迁，也为潜在的人才指明了努力的方向。

1. 测量人才的那把尺子

老板都喜欢人才，但不同的人判断人才的标准是不一样的，有的人认为学历高、素质好的人就是人才，所以在招聘时，很注重对方的文凭、专业、毕业学校等，往往喜欢招聘一些名校毕业的学生，认为他们就是优秀的人才。

山东有一家房地产公司，老板原本是政府官员，筹了笔钱下海经商。经过几年的发展，已经较有起色。为了扩大业务，规范管理，企业急需人才。于是，老板便从西安某名校招了三个管理学专业毕业的本科生。一下来了这么多“人才”，这让老板雄心倍增，给每个人配台高档电脑，让他们担任各部门的经理。接着又去注册一家企业策划公司，并且办理一本管理类杂志，想充分利用这些“人才”。平台是搭好了，但几个月过去了，这些人什么事都做不出来，局面一点都打不开。

有一天老板偷偷跑到他们办公室一看，发现他们在联网打游戏，原来他们把公司当作了乐园，而从来不思考怎么去帮公司发展，且工作能力也非常有限。结果不到半年时间，老板不得不摇着头逐个把他们裁掉。

所以，光看学历、文凭和毕业学校是很难判定一个人是否是人才。但接下来，又开始以专业来认定，认为学这个专业的，就是企业要找的专业人才。在许多公司的招聘广告上，往往都会列上专业要求，例如招聘会计，就一定会列明会计专业或财务管理专业；招人力资源的就一定会列明人力资源管理专业或管理类专业，招业务人员就一定会列明市场营销专业。因为，在许多老板看来，学这个专业的，就认为是正规军，就可以委以重任，否则就成了杂牌军，只能做些基层打杂的工作。

这样简单地判定员工，其实是不科学的。事实上，企业许多优秀人才并非该专业毕业，而是在实践中锻炼成了优秀的人才。举个简单例子：深圳某知名软件公司有几个开发中心的总监，业绩非常出色，但他们并非学计算机专业或软件类专业，而学的是数学、法学等，似乎与本职工作不沾边的专业。深圳某大型集团公司的投资总监，并非学金融或财务类专业，而学的是哲学。所以，光从专业上来判定一个人是不是人才，也是不准确的。

接下来，有的企业又是从经验和背景方面看，如果是从某知名企业出来的，或者具有同行业多年的工作经验，也会被一些企业推崇为高端人才。这方面经历的案例比较多，记得以往我在深圳一家矿业集团公司工作时，有一次老板要求招聘一名办公室主任，要求的条件还比较高：女性，30 岁左右，本科以上学历，身高 165CM 以上，形象气质佳。结果 HR 向老板推荐了不少求职者，但一面试都被老板否决掉了，不是这里有问题就是那里不行。

后来找到一位来自深圳中兴通讯公司的一位求职者，其他条件基本符合，形象也过得去，但她的职位却是中兴通讯的一名行政专员，并没有担任过行政主管的职位。结果面试的时候，竟然顺利通过了。于是我向老板诉说这个问题，老板的回答却是："没做过主管有什么关系，她是中兴通讯公司出来的，没吃过猪肉也知道猪跑呀，只要把中兴通讯的行政管理方法搬过来就行了。"结果，工作过程中，问题都暴露出来了，缺乏实战经验，为人很强势，跟多个部门的领导关系搞得很僵，工作也无法开展起来。老板失望之余，让她打包走人了，前后在公司，不到半年时间。

那么，企业该如何界定一个人是不是人才呢？成功的企业，往往都是采用多维角度来判定人才的。朗讯公司的用人标准是：非凡才智 + 敬业精神。朗讯公司很看重员工的工作结果，希望员工不断表现自己的才能，并对公司有所贡献。通用公司的前任 CEO 韦尔奇认为：对于有工作能力，又认同组织价值观的员工应及早提拔；对于工作能力稍差，但认同组织价值观的员工可多给一次机会；对于工作能力差，又不认同组织价值观的员工让他立即走人；对于工作能力强，但不认同组织价值观的员工，也还是需要让他走人，因为他会破坏组织的文化和员工对领导层的信任。

的确，用单一标准是很难界定出一个人是否是人才，如果要把人才真正测量出来，必须用一把多标准的尺子。结合自己在企业的从业经验，我认为应主要从三方面来评定人才，最主要的是工作能力和业绩。一个人是不是人才，重要的是他能不能把工作高效做起来，能不能给企业创造出色的业绩；其次是他的文凭、专业和个人素质，这些只是作为员工的潜能，说明他具有较好的可塑性。最后就是看他的职业素养，有没有好的职业道德和奉献精神，这可以判断出员工对公司的忠诚度，也决定了他往后对工作的态度和投入。从这三个标准进行“三维”认定，才能真正找出优秀的人才。

2. “精品”与“毒品”

如果以能力的高低作为横坐标，以职业道德的好坏作为纵坐标，进行人才细分，往往可以把企业的员工分成四种类型：无才无德的人是废品，这是企业需要淘汰的对象；无才有德的人是半成品，只要经过培养，把能力提升上来，也就成了优秀的人才；有才无德的人是毒品，这些人往往会为了一己之私而严重损害公司的利益；有才有德的人才是企业真正期望的精品，也就是企业内的关键性人才。

企业在进行人员招聘时，往往把能力放在第一位，往往认为对方素质较高、专业能力强、经验丰富，就以为他就是企业期望的关键人才，而很少关注人才的职业道德和忠诚度。要知道一个能力很强的人，如果价值观与公司一致，能为了公司的事业而奉献自己的才华，这种人是精品；而如果有的人怀有很重的私利，只是为了借助公司这一平台来谋取私利，那么，他很可能是一个毒品，能力越强，对公司危害反而越大。

我在深圳某大型制造企业工作时，有位采购部经理，月薪过万，却经常请假，不在公司上班。当时我甚感诧异，因为他月薪不低，请一天假，工资就要少六七百，而一个月请十多天，工资将少好几千。后来跟一位做品质管理的同事聊天，才知道了原因。原来，这位采购经理自己在外与别人合伙开了一家零配件加工厂，并把它列为公司的重要供应商之一。所以，他做公司的采购经理，不在乎这过万的薪水，而是借助采购经理这个位置，把公司的采购订单源源不断地下放给自己的加工厂，谋取私利。

其实，公司许多部门的负责人，都在利用自己的渠道谋取公司的利益。例如公司人事部某经理，利用手中的招工权力，以用工荒为由，向公司申请与一些劳务派遣公司合作，由劳务派遣公司介绍一个工人，公司就支付对方300元的介绍费，而人事经理就可以通过两种方式谋取利益：一是向劳务派遣公司收受提成；二是公司招聘到的工人，都先挂在劳务派遣公司名下，然后再让公司支付巨额介绍费。

对于工人规模高达数万的大型加工厂，每年采用这种介绍用工的方式，录用的工人多达好几千人。而且为了加快工人的流动性，人事部故意跟工人签订短期聘用合同，合同一到期就会有不少工人离职，然后人事部又向劳务派遣公司要人，以不断收取工人介绍费。人事部这样做，作为与其直接关联的生产部门并不反对，反而积极配合，也整天鼓吹用工荒，公司工人不足，影响订单的正常交期，于是就可以堂而皇之地把公司接到的生产订单，再外包给其他加工厂代为加工，由公司支付加工费。而生产部经理就可以与那些外发厂合作，从加工费中收取提成。

中层管理人员如此，高层管理人员也一样，公司总经理有一次将公司几乎到手的价值数亿元的订单搞黄了，这件事直接震动了远在外地的总裁。后来，总裁亲自彻查，才发现原来总经理把巨额订单给了另一家加工厂，从中获取了巨额佣金。总裁一怒之下便把总经理解雇了，并开始大洗牌。

如果翻开那些中高管的简历，每个人都是经验丰富，能力不凡，都是难得的人才。但那些有能力、很聪明的人才，如果心术不正，或者其个人价值与公司价值相违背，往往就会利用自己的专业技能、职务之便，利用公司的资源来为自己牟私利，从而让公司蒙受重大损失。级别越高、能力越强的人，如果心术出了问题，那么给公司造成的伤害就越大。

曾见过深圳有家中型加工企业，老板为了把企业做大，于是以年薪五十万的高薪，从同行大企业里聘请一位高管担任总经理，并为其配备豪车，把企业全权交给他运营。

总经理一上位就开始加强人事调整，从原来的公司里挖来一些下属来担任各部门管理人员。老板以为是为公司引进人才，也没放在心上。下一步总经理便开始以各种理由挤兑那些不是自己队伍中的部门负责人，如研发部经理、市场部经理等，故意增加他们的任务指标和工作难度，老板也没在意，以为总经理在整顿管理。后来，那些重要的部门经理陆续被迫离职，全部换成了总经理的心腹。如此一来，整个管理层就控制在总经理手中。

再下一步总经理故意让业务部少接订单，故意出点质量事故，引起一些顾客的投诉，于是公司的订单日趋减少，业务在不断萎缩。而总经理便以全球经济危机为由，加以搪塞，老板竟然也信了。没多久，企业便陷入亏损，且幅度越来越大，要老板不断垫支进去，这让老板难以承受，于是总经理便向老板建议：鉴于当前经济危机，制造业在大幅衰退，许多企业倒闭势在难免，不如趁早把企业卖了，还能收回点钱。陷入亏损焦虑的老板，竟稍加思索地点头同意了。

接来下总经理又找老板谈，卖给别人还不如卖给企业内部员工。于是，总经理跟老板达成协议，由总经理牵头，各部门经理共同出资，把企业买了下来，并留给老板10%的股份，让他做名誉董事长。如此一来，总经理成了最大股东，并荣升新任董事长，各部门经理及部分员工成了中小股东，就这样把企业股份制化了。完成了这一华丽转身，新任董事长便与全体员工“共同奋战”，公司当年就扭亏为盈，业绩稳步持续上涨。而原来的老板似乎也已经有所醒悟，但一切已无法挽回。

所以说，并不是能力强、经验丰富就一定是人才，如果职业道德出了问题，他反而成了毒品；唯有能力强，又与公司利益一致，拥有良好的职业操守的人，才会脚踏实地地为公司奉献自己的才智，才是企业真正需要的精品。

3. “冰山模型”下的潜才开发

管理学中有一个非常知名的管理理论——冰山模型，指的是一个人表现出来的能力只是自身很少的一部分，大量的潜能没有被激发出来，如同一座冰山一样，浮出水面的只是冰山一角，而主体部分却隐藏在水面之下。在企业里也是一样，老板重视的往往都是能力爆发出来的关键人才，而很少关注潜在人才。有些人才在企业里虽然看似能力一般，职位平平，似乎只能做些基层事务，不堪重用。其实，只要把他们培养起来，将他们的潜能开发出来，他们一样是关键性人才。

许多公司在用人时，往往都会陷入一个用人误区：只有见到员工做过这个职位，且有过不凡表现，才认定员工具备这个能力，才放心把职位或工作交付给员工去做，否则，便是不信任的。于是，员工只要没做过这个职位，企业往往宁愿外聘，也不会把这些关键职位交付给员工。这也是许多员工在公司工作多年，却一直被限制在基层岗位上的原因所在，因为他们没有表现的机会，也没有被培养的机会。其实，这个用人逻辑是错误的，员工没做过这份工作或职位，就判定员工不具备做这份工作的能力。那么，反过来，既然没有尝试让员工去做，又怎么能断定他做不了呢？其实，有些工作做一阵子就熟悉了，只要员工能把这项重要工作做起来，那他就已经是一名人才了。

成功的企业往往是把每个员工都看成人才，很注重员工的潜能开发，通过一系列的工作锻炼和职业培训，把员工的综合技能逐步提升上来，让员工的职位随着技能的提升而不断升迁，也让员工的技能随着岗位的变迁而提升，如此相互促进，步入良性循环。

微软公司非常注重员工潜能的开发工作，作为在软件行业最有影响力的公司之一，微软公司提出了一个目标：激发个人潜能，实现企业潜力。所谓“激发个人潜能”，就是让每一个员工做他最感兴趣的工作。因为微软公司相信，只有把员工放在他最感兴趣的工作岗位上，他才会调动所有的才智和热情去对待工作，当他把那份重要的工作做好了的时候，他就成才了。当每个员工都把潜能发挥出来的时候，那企业也就激发出了最大的潜能，从而获得了最大的收益。

人才是可以塑造的，如果把一个员工放在一个他不感兴趣的工作岗位上，长期做一些事务性工作，他是没有热情的，从而表现得能力平平。而如果换个用人思路，根据员工的兴趣和特长，把他安排在他想做的岗位上，往往会表现得判若两人。一个对员工负责任的公司，一个善于经营人才的公司，一定善于发现、引导和利用人才。

联想集团就是一家善于开发人才潜能的公司。联想集团的前总裁柳传志先生曾打了一个生动的比喻：“培养一个战略型的人才如同培养一个裁缝一样，原理是相通的。刚学缝纫的时候，不应拿上等的毛料去做西服，而应该先学缝鞋垫。通过一段时间的实践和学习，才能培养出手艺，最后做出上等的西服。企业培养人也是一样，要逐步提高，不可一步登天。”联想集团在开发人才方面，贯彻的正是这一理念。联想集团的新总裁杨元庆就是一个很好的例子。当年从中国科技大学研究生毕业后，杨元庆在联想集团并不是直接走上重要岗位的，而是先当了一名推销员，又慢慢提拔成业务部经理，后来又调到最重要的微机事业部做总经理。在微机事业部，他的才华到充分的发挥，从而被公司提拔为新的领袖。

正是采用稳扎稳打的培养方式，联想集团才将一批批潜在人才，锻炼成了经验丰富、见识卓越的联想精英。自上世纪九十年代以来，联想就一直大量起用新人，几乎每年都要提拔上百名年轻人。往往都是先让年轻人到副职上工作，给他们一个锻炼和发挥的机会，“从赛马中识别好马”“谁跑得快支持谁”。只要员工有能力，联想集团就会给予他们更多的机会，让人才有充分的发挥空间。在与跨国公司的较量中，在一线展开生死搏斗的联想精英，有90%都是培养出来的新人，他们为联想创下了辉煌的业绩。

潜在人才其实是公司最大的财富，他们的能力如同冰山一样，大部分潜藏在水面以下，没有发挥出来。而潜在人才在公司的人才资源中，也恰如潜藏在水面下的冰山一样，没有被挖掘出来。人才是具有可塑性的，也是能不断增值的。培养人才的最好方法，就是在工作中锻炼，把他们安排在感兴趣、有挑战性的岗位上，让他们的热情和才能充分发挥出来，从而茁壮成长。在工作中培养出来的人才，才是最适合企业需要的人。而识别人才的最好方法，也是在工作中观察，在动态的过程中，通过实践、识别、再实践、再识别地不断循环，就能不断挖掘和培养出人才。

4. 内部认证制度：职位只留给“有份”的人

在晋升人才时，许多公司的操作往往并不规范，最常见的就是领导提拔，当部门出现管理岗位空缺时，将哪位员工升上去，完全由部门负责人来指定，HR只是负责按流程办理员工升迁手续而已。部门领导提拔的方式是有诸多漏洞的，也常常在公司内部造成许多负面影响。一是容易暗箱操作，该提拔谁，没有一个明确的选才标准，完全取决于部门领导的主观臆断，这样往往就会成为部门领导启用心腹，打造自己势力范围的有力手段；二是容易造成部门员工相互内斗，每个员工都把周围同事看成竞争对手，相互挤兑，形成恶性的办公室斗争；三是容易造成“会玩手段的员工升迁，而踏实做事的人才却被埋没”的不良局面。

当然，也有的公司采用论资排辈的方式，认为谁的资历最久，就优先受提拔，整个公司形成一种坐板凳排队的氛围，前面的岗位空缺出来后，后面的人就依次填补进去。这种晋升人才的方式也并不理想，因为容易造成人才晋升通道的“堵车”现象，资历老的没升上去，后面的员工就要长久等下去，于是会导致一些优秀人才提前跳槽。

还有一些公司为了不让内部员工相互内斗，干脆把空缺的管理岗位直接放出去，进行外部招聘，让大家谁也别争。但这种方式更糟糕，因为直接把内部员工的晋升通道掐死了，那内部人才只有另谋出路，所以这类企业经常出现这种现象：引来一个女婿，气跑了一堆儿子。内部管理更为混乱。

其实，这些不合理的人才晋升模式，背后都折射出一个问题：公司任职资格管理紊乱。原本公司的晋升机制是由 HR 来统一管理的，而且应该是相当有序的。为什么许多公司的人才晋升管理紊乱不堪？原因是公司没有统一的、标准的岗位任职标准，没有明确每类岗位应该具备哪些任职条件，如果标准是模糊的，那么员工的升迁就是模糊的了。

成功的企业往往都会建立“内部认证制度”，对每个岗位的任职条件和要求，都会明确地进行规范。这样一来，当某个管理岗位空缺出来时候，只有符合任职条件的员工才能晋升上去。也就是说，职位只留给有份的人，不符合条件的自然就排斥在外。这样一来，员工的晋升管理就能做到公正透明，避免人为干扰等因素，寄望升职的员工，就必须提前把条件具备，每个员工只给自己竞争，而不会产生不必要的相互内斗。

我在深圳某大型集团公司工作时，该公司的职位任职管理体系是相当完善的。公司从上到下，把各类岗位梳理得清清楚楚，每个岗位主要做什么工作，岗位职责的内容，应具备的能力、素质条件，规定得清清楚楚，形成一份完整的岗位说明书。

例如，针对财务经理的任职资格，公司是这样规定的：

（1）财务管理、会计类专业毕业，本科以上学历；

（2）有5年以上财务相关工作经验，其中3年以上财务管理工作经验；

（3）具有全面的财务专业知识、财务处理及财务管理经验，精通国家财税法律规范；能管理财务团队、能建立财务管理体系；

（4）具有很强的财务分析能力，具有良好的财务成本控制、融资和资本运作技能，并有成功案例；

（5）具有中级会计师以上资格证书，拥有注册会计师、注册税务师等方面证书者优先；

（6）具备良好的领导、沟通、协调及抗压能力，能够处理公司疑难问题；

（7）工作业绩出色，公司年度绩效评估结果须达到“良好”以上；

（8）年龄在28～45岁之间。

任职条件一明确之后，当财务经理岗位空缺之后，公司HR就会让集团及子公司财会人员竞选，由各候选人提交竞聘材料，然后由HR公开逐项审核材料，将符合任职条件的人才筛选出来。依照本公司优先的原则，即如果本公司内部有合适人选，则优先提拔，如果没有，则从集团内兄弟子公司中筛选，如果有多人合格，则通过公开答辩的方式，由 HR 组织公司财务人员、各部门负责人担任评委提问，让几个候选人公开答辩，然后由评委集中投票表决来评定。如果在本公司内找不到合适人员，才由 HR 对外招聘引进。这样就能形成一种公开、公正、公平的晋升机制，让优秀人才脱颖而出，让公司晋升管理井然有序，也让所有内部员工心悦诚服。

内部认证制度是公司一项规范的岗位任职制度，既可以确保新任的人才能胜任工作，又能确保公司的晋升机制公平合理，也便于公司 HR 的统一管理。把公司各岗位的任职条件规范了，也就为每个员工的工作指定了努力的方向，让员工深刻明白：靠关系没有用，靠资历也没有用，只有具备了公司关键岗位的任职条件，具备了胜任这一岗位的能力，才能顺利升迁。

5. “岗位说明书”是这样用的

在一些公司里，由于职位管理的不规范，导致公司员工的工作乱象丛生：一是管理人员该管的事不管，不该管的事拼命去管，部门内的事都要由自己来调配，有时甚至亲自上阵，帮下属处理工作，导致下属的工作非常被动。许多公司的员工都会抱怨：领导一竿子插得太深，让员工的工作难以开展。既然员工的工作都是由部门领导来安排，甚至直接参与到员工的工作中来，那么员工就只有被动地等待，结果让部门领导深陷于一些繁杂的基层事务中，每件工作都有领导的影子，最后，导致部门员工间的工作一塌糊涂。

二是领导理不清下属是谁，下属也不知道自己的真正上司是谁。在一些公司里，部门领导作为部门最高负责人，往往把部门从上到下都当成自己的下属，经常越级指挥；而下属也都以部门负责人为中心，常常越级与部门负责人沟通，导致夹在中间的基层管理者形同虚设，结果把部门员工的上下关系全打乱了。

其实，部门工作管理紊乱的原因，就在于没有理清各岗位的工作职责，以及相互间的衔接关系。有些公司的职能部门虽然进行了岗位分工，但要让每个岗位高效运作起来，还必须理清每个岗位的工作内容，相互间的工作衔接关系，进而形成一份完整的岗位说明书。岗位说明书的制定，是部门员工有效开展工作的基石。管理到位的公司，一定是岗位说明书规范到位的公司。

一份完善的岗位说明书往往包括这几方面内容：

（1）岗位基本信息：岗位名称、所在部门、岗位级别、代码编号、直接上司与直接下属、定编人数、薪资待遇水平等。

（2）岗位概述，介绍设定该岗位的主要工作和意义；

（3）岗位职责：明确界定该岗位的工作职责，以理清该岗位的工作内容，详细点的还会明确各项岗位职责的工作标准和考核指标，以便进一步进行绩效考核；

（4）汇报关系：明确该岗位工作汇报的直属上司；

（5）岗位相关者：理清该岗位与公司内外部门或岗位人员的工作往来关系；

（6）任职资格：明确该岗位的任职条件，并作为晋升内部人才和对外招聘的参照依据；

（7）工作特征：对该岗位的办公时间、地点、工作性质等进行明确规定。一份详细的岗位说明书如下所示：

岗位说明书

一、岗位基本信息			
岗位名称：	人力资源经理	所属部门：	人力资源部
岗位级别：	经理	岗位代码：（由人力资源中心编写）	
直接上级：	人资总监	直接下属：	人资主管、助理
岗位定编：	1	工资等级：	
二、岗位概述			
简述该岗位存在的目的：	为了实现集团公司的发展战略，促进本公司人员管理的有序开展，在公司发展战略和相关规章制度的指引下，协助本公司人资总监开展人力资源的运营管理工作，以发挥出人力资源的战略价值。		

续表

<table>
<tr><td colspan="3">三、岗位职责</td></tr>
<tr><td colspan="2">关键职责：请列出本职位最关键的角色和职责以及工作成果，最多不超过8项。请按重要顺序依次列出，并估计用于每项职责的时间权重（每项职责的时间比例必须≥5%，请确保时间总额为100%）。</td><td>时间权重</td></tr>
<tr><td>1</td><td>负责公司人力资源管理体系的构建与维护工作，包括招聘体系、培训体系、薪酬体系、任职管理体系等等。</td><td>30%</td></tr>
<tr><td>2</td><td>负责绩效管理机制的组织构建及推动工作</td><td>30%</td></tr>
<tr><td>3</td><td>负责关键人才选拔、人才梯队建设以及关键人才激励机制的建设工作</td><td>30%</td></tr>
<tr><td>4</td><td>配合上级领导和其他部门工作</td><td>10%</td></tr>
<tr><td colspan="3">四、工作汇报关系：
所有事项向人资总监汇报。</td></tr>
<tr><td colspan="3">五、岗位相关者
请在以下表格填写与本岗位工作相关的主要内外部机构以及与这些机构所产生的工作/联系内容</td></tr>
</table>

<table>
<tr><td>联系
范围</td><td>机构名称</td><td>主要工作/联系内容</td></tr>
<tr><td>部门内部</td><td>人力资源部</td><td>有关部门业务的各种事宜</td></tr>
<tr><td>公司内部</td><td>各部门</td><td>互相沟通</td></tr>
<tr><td>集团内部</td><td>各子公司人力资源部</td><td></td></tr>
</table>

续表

<table>
<tr><td>集团外部</td><td colspan="2">培训公司、政府机构</td><td>人力资源外部业务</td></tr>
<tr><td colspan="4">六、任职资格
请填写本职位最适合的专业、教育背景、经验背景和特殊要求</td></tr>
<tr><td>教育程度</td><td colspan="3">本科及以上学历，管理类相关专业</td></tr>
<tr><td>工作经验</td><td colspan="3">5 年以上工作经验，5 年以上本行业或相近行业人力资源管理经验</td></tr>
<tr><td rowspan="2">专业能力</td><td>具备的专业资格</td><td colspan="2">中级人力资源管理师以上职称</td></tr>
<tr><td>具备的专业知识或技能</td><td colspan="2">具备人力资源管理六大模块的系统化专业知识，并拥有丰富的实操经验。
具有很强的领导能力、判断与决策能力、人际能力、沟通能力、影响力、计划与执行能力、抗压能力</td></tr>
<tr><td>基本素质</td><td colspan="3">精通企业管理知识、了解人力资源相关政策及法律等知识</td></tr>
<tr><td rowspan="4">其他要求</td><td>计算机水平</td><td colspan="2">良好</td></tr>
<tr><td>外语水平</td><td colspan="2">良好</td></tr>
<tr><td>身体素质</td><td colspan="2">良好</td></tr>
<tr><td>其他特殊要求</td><td colspan="2">无</td></tr>
<tr><td colspan="4">七、工作特征</td></tr>
<tr><td>评价要素</td><td colspan="3">特征描述</td></tr>
<tr><td>工作时间特征</td><td colspan="3">偶尔出差</td></tr>
</table>

续表

<table>
<tr><td>工作紧张程度</td><td colspan="3">较紧张</td></tr>
<tr><td>工作地点</td><td colspan="3">集团公司为主，视需要以定</td></tr>
<tr><td>工作时间</td><td colspan="3">按公司规定</td></tr>
<tr><td>工作环境和条件</td><td colspan="3">办公室</td></tr>
<tr><td>确认
记录</td><td>任职者：
日期：
年　月　日</td><td>部门负责人/直接上级：
日期：
年　月　日</td><td>人力资源管理中心：
日期：
年　月　日</td></tr>
</table>

一份完善的岗位说明书对于公司管理来说，显得至关重要，它是企业人力资源管理工作的基础，也是各岗位工作有序开展的依据。透过岗位说明书，企业可以开展系统化的人员管理工作：一是准确地进行定岗定编，明确每个部门的岗位设置以及人员配置，而且通过岗位说明书，还可以清楚地知道各岗位的工作饱和度，以确保将岗位数精简到最低；二是可以理清每个岗位的工作内容，上下级关系，以及对外关系，可以明确界定每个岗位的权责，以及考核标准，以便各岗位员工能自主、有序、高效地开展工作；三是明确界定了岗位的任职条件，便于公司人才的开发、选拔、任用等工作的开展。

6. 任职资格，决定人才升迁

在不少企业里，员工的任职资格管理还处在一片模糊、甚至空白状态。员工只知道，只要工作做得好，就可能会升职，至于要达到什么条件，这就不知道了。至于往哪个职业通道发展，还可以往哪些方向拓展，自己的能力还存在哪些不足，这些员工都是不清楚的。往往就出现这样一种用人局面：员工整天稀里糊涂地工作，公司也整天稀里糊涂地用人。但员工感觉到工作不顺利，或者感觉前途渺茫的时候，就想转换岗位工作。但是，转到哪些岗位上才真正有利于自己的发展，员工也不清楚，这种职业发展模式，会导致员工的职业生涯变得非常紊乱，员工的能力和职业得不到良好地发展，员工的潜能自然就难以发挥出来。这对于公司和企业来说，都是一种巨大的损失。

成功的企业，往往都注重员工的任职资格管理工作，通过员工任职资格的管理，来引导员工的职业发展与职位升迁。公司的任职资格管理中，有几项关键工作往往规定得很清楚，给员工规划出了一张清晰的职业发展路线图。第一项工作就是打通职业发展的多通道，为员工的职业发展提供了更广阔的选择空间。传统企业的职业通道往往是单通道的，员工往往只能在自己的职业领域内，往上寻求晋升发展。例如，有的企业把员工招进去之后，用在哪个岗位上，那么他就只能做该岗位内的工作，只能在所在部门内寻求升迁，做行政的，往往就只能从行政专员、行政主管，再到行政经理或总监，很难再往其他领域跨越。而成功的企业，员工的职业发展是多通道的。

华为公司采用的是五星双通道的任职管理模式，即员工的职业发展有两大通道：管理通道和专业通道。在每个通道中，职位级别由低到高又分成五个星级。例如在管理通道中，一星级为初做者，一般是刚从事这个岗位，还没有工作经验的应届毕业生；二星级为有经验者，往往是初做者工作两年左右的时间，已经有一定的工作经验，面临着职业的选择和晋升发展；三星级为监督者，一般是基层管理人员和助理级人员；四星级为管理者，一般是经理级管理人员；五星级为领导者，一般指总监、副总及以上领导者。在专业通道中，一星级和二星级同样分别为初做者和有经验者，三星级则为骨干，即公司内具有良好培养前景的技术骨干，四星级为专家，五星级为资深专家。员工在一星和二星级岗位上工作时，还属于磨炼阶段，二星级之后，就开始面临职业发展通道的选择，可以选择管理通道，也可以选择专业通道。

在双通道的基础上，又把公司的各类岗位梳理成三大层次：第一层次为五大职位族，即管理族、营销族、专业族、技术族和操作族；第二层次是在职位族的基础上，华为公司再把职位分成五十大类，例如专业族分成了计划类、流程管理类、财经类、采购类、人力资源管理类、项目管理类、销售管理类、物流管理类等；第三层次是在大类的基础上，又细分成九十六个子类，例如人力资源管理类又细分成了招聘类、培训类、绩效类、薪资类等。子类下面就是具体岗位了。如此一来，员工的职业发展通道就相当广阔了，既可以在同一职位族内按照相应的通道纵向发展，也可以在职位族间横向发展。

第二项工作就是建立各岗位的任职资格标准，即明确规定各岗位必须达到什么样的资格条件，员工才能胜任。员工的任职资格标准往往分为三大部分，即：基本条件（硬件）主要包括学历、专业、经验和绩效表现等；潜力（软件）主要包括知识技能、能力素质和行为标准；贡献（软件加硬件）主要包括专业成果和团队成长等。

在这些任职标准中，有些是员工入职前所先天性具备的，例如专业、学历等，这些短期内难以改变，但有的员工一旦学历或专业受阻，往往会采用在一些教育机构就读第二学位或者就读更高的学历，例如有些低学历者会选择去成人教育机构就读本科学历；有些向往高层领导职位升迁的管理者，由于受学历限制，往往会去通过就读在职 MBA（工商管理硕士）来弥补；但有些任职标准是后天锻炼培养的，如知识技能、资格证书、能力素质、行为标准、绩效表现等，这些往往可以在工作和培训中，逐步丰富、拓展起来。

当员工具备了某些岗位的任职条件，一旦公司出现岗位空缺时，符合条件的员工就可以去参与竞聘，成功率非常高，这样员工就可以一步步向前发展。企业任职资格的建立，如同给员工们规划了一张清晰的职业发展路线图，员工可以根据自己的专业、兴趣、特长和经验来选择自己的职业通道，也可以参照岗位的任职标准，来持续提升自己。如此一来，企业员工的职业发展就能做到井然有序。

7. 任职资格体系与人才鉴定

员工任职资格体系的建立，对于规范、完善员工的任职管理工作非常有帮助；员工任职管理到位的公司，往往既能确保每个岗位都能配备称职的员工，又能刺激员工不断提升自己的能力素质，同时也能确保优秀人才脱颖而出。由此，越来越多的企业开始重视任职资格体系的建设工作。一般来说，一个完整的任职资格体系往往包含三大部分：

（1）职位晋升通道建设：即企业在梳理现有岗位的基础上，建立多条职位晋升通道，一般来说，根据公司工作内容的不同，可以分为管理通道、技术通道和业务通道，管理通道往往包括生产管理、财务管理、人力资源管理等职能型管理岗位；技术通道往往包括产品开发工程师、质量工程师、软件工程师等；业务通道往往包括营销、售后服务、客服等。在每类通道中，再设置员工的职位等级，例如管理通道往往包括主管、经理、总监、副总、总经理等；技术通道往往包括工程师、高级工程师、技术总监等。晋升通道设计好之后，就可以把各部门的各类岗位合并成几大职位族。例如，某集团公司的职位族如下表所示：

领导族	职能管理族	业务族	技术族		
			研发	生产及支持	售后服务
总裁 副总裁 总经理 副总经理	行政管理 财务会计 人力资源 合同管理 仓管	市场推广 广告 品牌塑造 销售 产品管理	基础研究 产品开发 技术管理 性能测试	产品生产 生产管理 设备管理 产品调测 质量管理 物料采购	售前、售后服务 安装 客户培训 现场维修 技术支援

公司成功划分出若干职位族后，就可以将公司各类岗位分门别类地归到各职位族中去，然后在各职位族中，按照职位等级的高低分成若干的职位层级，以便于员工的职位升迁。

（2）任职资格标准建设：针对每一层级的工作岗位，设定岗位的任职标准，也就是员工胜任该岗位的条件。任职资格标准是基于岗位的职责和要求，参阅承担该岗位的、综合绩效优秀的员工，对其成功行为、能力素质和硬件条件进行归纳后所形成的岗位任职条件评价指南。它通常包括任职的基本条件、核心标准和参考项三部分。基本条件主要包括学历、专业经验、公司司龄，以及绩效考评结果等；核心标准主要包括综合素质、专业技能、现职状况等；参考项目包括行为表现、其他品德项、其他素质项等等。每一个标准又包含诸多单元、要素和标准项。不同级别的任职标准应有明显的区分度，并能够牵引员工持续改进任职能力。曾看过一份华为公司基础类秘书的任职标准，编制得相当详尽：

第一部分为基本条件，主要包括：

①秘书的日常岗位职责，即秘书的主要工作内容；

②基本素质，如敬业精神、服务精神、细心、团队精神、沟通、逻辑思维、保密等，每一项都有详细的要求描述；

③经验，其中学历要求本科以上，专业不限，工作经验要求为：初级秘书在华为从事秘书工作须达到3个月以上，中级秘书须达到12个月以上，高级秘书须达到18个月以上；

④绩效，初级秘书绩效表现须达到C级以上，中级和高级秘书须达到B级以上；

⑤其他包括奖惩情况、培训记录及成绩，即在华为工作期间受到的奖惩、参加的培训及培训成绩均会对资格达标有一定影响。

第二部分为行为标准，主要包括：

①提高流程的工作效率，以及必备的知识范围；

②培养有效的工作关系，以及必备的知识范围；

③信息管理以及必备的知识范围；

④文档管理以及必备的知识范围；

⑤制作并演示文本，及必备的知识范围；

⑥办公设备管理及必备的知识范围；

⑦会务工作及必备的知识范围：将秘书工作中所涉及的技

能要求，逐项做了详细的规定。

（3）资格等级认证：它是证明员工是否具有相应任职资格标准而进行的鉴定活动。当公司某岗位出现空缺时，符合条件的员工就可以申请出任该岗位。任职资格认证一般经过申请（个人或主管推荐）、基本条件审核，然后再进行行为认证、技能测试和专业知识考试，评议小组认证评议后，最后由公司批准，将结果反馈给员工，如果资格认定通过，那么员工就可以上升到这一层级的岗位。

通过任职资格体系的建设，往往能做到公司职位的规范管理，也能有效地引导员工的职业发展，并在员工职位升迁问题上，公司能做到科学、公正、透明，能给员工提供一个完美的职业发展通道。因此，任职资格体系的建设，已受到广大企业的青睐。

SHIJIE 500QIANG
J.P. MORGAN CHASE &
埃克森美
EXXON
巴西国家石油公司
日立 HITACHI
FORD MOTOR
Apple(苹果)
美国快捷药方控股公司
法国巴黎银行
SIEMENS
BMW
摩根大通 J.P. MORGAN CHASE &
康德乐
法国电力公司
三星电子SAMSUNG ELECTRONICS

THE WORLD'S
top 500 director of human resources management notes

第四章
人才选拔：相马，还是赛马？

在传统企业里，企业的人事权往往集中在部门负责人手中，而他们在选用人才的时候，往往采用“相马”的方法，欣赏谁就起用谁，于是常常形成一股浓厚的“圈子文化”，即跟领导走得近的人容易获得升迁的机会。而管理到位的企业，重在给员工塑造一个公平的表现平台，采用“赛马”的方式，起用脱颖而出的人才。

1．“千里马”是相出来的吗？

在企业里，老板都希望身边多一些“千里马”，希望公司人才兴盛，以推动公司跨越式发展。然而，现实工作中，往往事与愿违。公司起用的“人才”却并非能征善战的人才，而是一些业绩平平之辈，与老板心目中的人才标准相差太远，以致不少老板常常哀叹企业没有人才可用。到底是企业真的没有“千里马”，还是企业选拔“千里马”的方法出了差错？其实，答案往往在于后者：企业选拔人才的方法存在巨大的漏洞。

目前，大多数企业在评选人才时，采用的依旧是“相马”的方法。所谓“相马”，就是员工是不是人才，由领导说了算，他认为你是个人才，就会当成是“千里马”，从而被顺利提拔；如果领导不看好，就算你有再大的潜能，也会被领导漠视，甚至边缘化。这就导致了老板天天祈求人才，而有潜能的千里马却埋没在食槽之间的荒唐现象。

从企业的人才招聘到人才使用，无不贯穿这一思想，尤其是在人才招聘领域。许多企业都希望招到一些出色的人才，至于怎样算“出色”，企业事先是定有标准的。目前许多公司在招聘过程中，都是按照一些经历、学历等死板的标准去套取员工。如果你到人才市场，或者一些招聘网站，如中国人才热线、前程无忧、智联招聘等，去查看一些公司的岗位招聘信息，无不在岗位任职条件上罗列了几条：大学本科以上学历，专业，英语四级以上，具备资格证书，同行业工作经验年以上，其中担任管理职务年以上，具有良好的沟通能力、应变能力和抗压能力等。

招聘广告发出去后，HR就开始收集简历，根据简历来作出求职人员的初步选择，符合任职条件的，就认为是企业理想的人才，就给面试机会，再经过一番面试，被用人部门领导认可后，就能把人定下来；而稍有不符合这些任职条件的，简历便扔在一边。实际上，这种方式最后招聘到的很可能是个“庸才”，而将真正优秀的人才却挡在了门外。

有个成语叫按图索骥，说春秋时代，有位伯乐擅长相马，为了让更多的人学会相马，使千里马不再被埋没，也为了自己一身绝技不至于失传，于是伯乐把自己多年积累的相马经验和知识写成《相马经》。儿子看了《相马经》后，以为自己得到相马真传了，就拿着这本《相马经》到处找寻千里马。完全按书中所写的特征去找，最后发现有一只癞蛤蟆很像书中写的千里马的特征：前腿短，后腿长，前额突出……便高兴地把癞蛤蟆带回家，对伯乐说：“父亲，我找到一匹千里马，只是蹄子稍差些。”伯乐哭笑不得，感叹道：“这只千里马不好骑，喜欢跳！”

现在许多公司在招聘人才时，其实和“按图索骥”差不多。部门经理要招人时，先提出一些条件，例如学历、经验、背景和证书等，然后人力资源部便按照这些标准去套取人才。

而且人力资源部招聘专员本身不懂专业技术，只能从表面上去挑选“人才”，最后却找回来了“癞蛤蟆”。在这方面，我深有感触。

早年间，在深圳一家知名软件公司担任董助时，由于公司老会计退休了，老板决定去招聘一位经验丰富的财务经理来整顿公司的财务工作，当时给人力资源部提的条件是：财会专业本科以上学历，具备中级以上会计师资格证书和四级以上英语证书，从业经验 10 年以上，其中担任财务经理 5 年以上，有较好的沟通能力……

于是，人力资源部就按照总裁勾画的框框去搜索人才，结果有一天找来了一位候选人：45 岁，财务管理专业本科毕业，英语四级，高级会计师，在财务领域工作 20 多年，其中担任财务经理 15 年以上，完全符合老板的“标准”。总裁把他叫进办公室面试时，他连喝三杯水，进去后便跟总裁“呱呱”地聊起来，大谈如何建财务管理体系，如何进行预算管理和财务成本控制，承诺要将公司财务成本缩减 10%；跟总裁一聊数小时，说得总裁乐呵呵的，第二天就叫他到公司报道上班。

但那财务经理在公司工作了大半年，除了开会时嘴巴能说几句外，其他的工作根本没做起来。财务管理体系只是空中楼阁一样，连份像样的财务管理制度都是在网上抄抄写写，然后摆在那里；财务预算形同虚设，因为每个部门都在超标；所谓的财务成本控制，他采用的是控制日常费用，例如控制出差人员的报销费用，以及员工日常的补贴费用。因为每个月员工都有100～300元的话费补贴，300元的午餐补贴，200元的交通补贴，以往都是采用“包干”的方式，每月足额打入员工工资卡。而他却改成“实报实销”的方式，超过定额，超额部分由员工自己承担，在定额以内部分，由员工提供发票进行实报实销。但员工坐车，尤其是吃午餐，往往在一些快餐店了吃，不能提供发票，也就不能如实报销，结果导致出差人员不愿出差，全体员工日常补贴费用大幅受损，怨声载道，工作积极性严重受挫，而企业运营成本丝毫没有控制下来。因为这些补贴费用只占到公司运营成本比重的千分之一，微乎其微。

无奈之下，总裁把他降格为主管会计，负责公司的入账工作，却发现他连基础的账务工作都搞不清楚。这时，总裁才醒悟过来：原来他在国企里面混了很多年，没有做过账，只从事过一些简单的财务管理工作。所以一旦让他做点实战性的财务工作，他就像马谡一样，一下就不“灵”了。

要知道学历、专业、资格证书、经验等都是一些空虚而没有经过实践的东西，并不是具备了这些特征，就是“千里马”，也可能是“癞蛤蟆”。另外这些标准考察不到求职者的品格、协作能力和敬业精神等；而后者往往比技术能力更重要，因为招聘进一个有才无德的人往往是毒药，能破坏整个公司的氛围，或者严重伤害公司的利益。所以，千里马绝不是靠领导“相”出来的，而是要从工作中“赛”出来。

2. 部门一把手的“人事权”

在传统的企业管理中，往往采用的是金字塔式的直线职能制组织架构，一个公司分成若干个独立的职能部门，如营销部、研发部、采购部、生产部、品质部、财务部、人事部等。每个部门都由一个经理或总监看管，每个部门都成了独立一方的“诸侯”，部门一把手拥有绝对的人事权。

在大多数企业里，部门的招聘权和用人权完全掌握在部门经理或总监手中，部门要配置什么样的员工，由部门负责人提交招聘申请，再由人力资源部按要求去物色人才，而在复试过程中，面试者谁行谁不行，录用谁不录用谁，基本上由用人部门负责人说了算。这也是许多企业招不到真正人才的根源所在。因为招聘权被控制在部门负责人手中，那他招聘时，主要考虑的并非应聘者能力有多强，而重在考察对方能否受自己驾驭，以避免潜在的威胁。在这种环境下，应聘者能力越强，往往越容易淘汰，往往那些能力平平，稍微能做点事，不具有威胁性的人，反而备受青睐。

心理学中，有个著名的帕金森定律，它阐述了机构人员膨胀的原因及后果：一个不称职的领导者，可能有三条出路，第一是申请退职，把位子让给能干的人；第二是让一位能干的人来协助自己工作；第三是任用两个水平比自己更低的人当助手。只有第三条路最适宜。于是，两个平庸的助手分担了他的工作，他自己则高高在上发号施令，他们不会对自己的权力构成威胁。两个助手既然无能，他们就上行下效，再为自己找两个更加无能的助手。依此类推，就形成了一个机构臃肿，人浮于事，相互扯皮，效率低下的领导体系。它很好地解释了职场中的潜规则：部门领导者往往不喜欢用能力很强的下属，只青睐能力一般，能做点事情，对领导者很忠诚或领导者完全能驾驭住的下属。

我曾经在的一家公司就有上述的类似情况，公司总裁觉得财务经理不得力，于是让人事部去招一名财务主管，以便逐步替换掉该名财务经理。人事经理是一名刚从学校辞职出来的大学女老师，职场阅历较浅。她很卖力地在网上收集简历，面试到合适人选之后，便推荐给财务经理复试，结果没一个看上的。三个月过后还招不到岗，总裁发脾气了，财务经理也跟着发脾气，责怪人事部工作不得力，这让人事经理颇受委屈。

我当时的职务是总裁助理，发现情况不对，于是帮人事经理去物色人选，结果找到了一名无论学历、能力，还是薪资要求，都非常适合公司的人选，推荐给财务经理面试，我估计又会被否决掉。果然十多分钟过后，就被退出来了。后来，我再把他直接推荐给老板面试，结果直接被老板看中了。而在这时，出现了让老板难以接受的一幕：财务经理直接冲到我办公室，责怪说没经过他面试同意，就直接越权到总裁那里，并跑到总裁办公室去发难。结果，老板更不悦，说了一句：“他是我助理，他向我推荐一个人，越了什么权？我看中一个人，招聘他还要你管吗？”结果，没多久，财务经理就被替换了，由财务主管负责公司全盘财务管理工作，工作开展得井井有条。

此外，人事权过度集中在部门负责人手中，会导致严重的“山头主义”和“办公室潜规则”。在传统的企业管理中，部门负责人除了拥有招聘权外，还有工作安排权、升职加薪权等。部门员工的工作完全由负责人安排，他认可你，就安排你做一些容易出业绩的工作，不认可你，就把你调整到一个清闲的岗位上，把你冷冻起来，或者边缘化。所以，对于有能力的员工，部门领导者往往会觉得是个潜在威胁，于是常常“限制”使用，即有些重要工作，不得不起用你时，就把重任交付给你，任务完成后，又把你“打包”起来，至于升职加薪，基本上与你无缘，最后逼迫你自觉“挂印封金”而去。

早年刚步入职场时，我在深圳一家大型玩具集团公司从事人资工作，该企业是一家港资公司，属于亚洲500强企业，在世界玩具业曾经名列前三。这是一家典型的集权式管理模式的企业，办公室斗争激烈。

刚入职时，就有人善意地提醒我说：“公司是个大学堂，你好好学！”随着工作的深入，我才体会到了这句话的内涵。当时，我跟公司质量系统部的一位高级主管私交不错。这位主管中文系本科毕业，97年加盟公司，在这个部门工作十余年，公司大多数管理体系，如ISO质量体系、COC体系、供应商管理体系、利器控制体系、文控体系等，都是在他的努力下建起来的，属于有较大功劳的“元老”级人物。但他的仕途却并没有像工作那样顺畅，工作十余年却只升过两级，从一名普通职员升成主管，再升成高级主管，就到顶了，连个副经理都上不去。

他的原因是过于相信自己的能力和业绩，而不注重与部门领导处理好关系，部门领导认为他既是一个人才，同时又是一个巨大威胁，于是采用的策略就是限制使用：当他把一个管理体系运行成熟后，部门领导便把这块业务移交给一个心腹主管负责，接着让他去建立下一个体系，然后再依法炮制。所以，每次都是他去种树，别人摘桃。他手里永远只掌握一块业务，带着两三名下属，成了部门里被边缘化的“小分队”。公司每年 5 月份都有一次升职加薪的机会，但每次部门负责人给人资部提交的升职加薪名单中，都没有他的名字。最后，他“看破”了局势，于是干脆开始混日子，而部门负责人也愉悦地听之任之，一匹“千里马”就这样被埋没掉了。

所以说，一旦人事权掌控在部门负责人手中，他手中就掌控了生杀大权，在招聘人员和使用人员时，就不一定会站在公司利益上，为公司经营出色的人才。相反，他们会为了维护自己的利益，而把那些有能力或潜能的人才限制起来，甚至挤兑出去，于是部门中遍布自己的心腹或者一些无关紧要的员工，以便绝对忠诚于自己。这样，一个个山头就树立起来了，机构臃肿、成本高涨、效率低下、尾大不掉……让老板痛苦不堪。

3. “圈内”与“圈外”的潜文化

管理学中，有一套“圈内人”和“圈外人”理论。所谓圈内人，也就是部门领导者的心腹，这类人往往跟部门领导者走得非常的近，深受领导者的信任，也最容易受部门领导者的提拔，由此形成一个紧密的利益群体；而“圈外人”是指部门领导者核心利益圈以外的人，这类人虽然也跟着领导做事，跟大家处在同一个部门，但这类人跟领导者只存在工作关系，而并没有私人生活的交集，因此，他们做再多的事，往往很难获得部门领导者的提拔。

“圈内人”与“圈外人”是许多采用集权式管理的企业普遍存在的一种亚文化现象，也是部门一把手权力过度集中的必然结果。人事权一旦掌控在部门负责人手中，那他就手握生杀大权，合他意就把你视为圈内人，把你当成红人和心腹一样看待；而一旦对你有所戒备或隔阂，就把你挡在圈外，充其量只有做事的份，却很难得到领导的赏识和提拔。

在这种环境下，有的人为了打入领导者的核心圈子，拼命处好与领导的关系，紧紧围绕着领导转，如同众星捧月一般；而跟领导者关系较远的员工，如同闲云野鹤，被排挤在圈子之外。所以，在许多公司的职能部门中，员工能否得到重用或提拔，跟其能力和业绩没有太大的关系，关键在于跟部门领导者的关系处得如何。于是一些善于利用各种手段经营好与领导关系的人，往往升迁较快；而自恃自己能力的人才却常常被挤兑，由此形成了一种极不健康的办公室文化。中国有句古话："近水楼台先得月，向阳花木易逢春。"正是这种现象的真实写照。

在深圳某大型玩具集团公司工作期间，曾有一段经历让我深有感触。有一次，质量系统部急缺一名ISO主任，负责整个集团公司的ISO体系运行的监管工作，由于我跟质量系统部的那位高级主管关系不错，对方盛情邀请我去他部门担任该职。如此一来，我便由一名人事主管跳槽成了ISO主任。开始时，那位部门经理似乎对我还不错，但慢慢地，便感觉到气氛不对了，明显感觉到部门经理脸色逐渐变得冷淡，眼神怪异。

那时，我常常反思到底问题出在哪里？回想自己做事一贯兢兢业业，做人低调，也从未跟领导有过什么冲突。为什么新到一个部门，工作才几个月，前后就有这么大的反差？但有一点我是看明白了：部门明显分成了两派：经理这一边有十多个人，监管的业务较多，人员似乎也非常团结，天天围着经理转；而那位高级主管这边怎么只有三四个人，只负责一项ISO业务，成了名副其实的"少数派"。每年升职加薪，经理都是把指标给他自己的人，而高级主管这一组每次都是望洋兴叹，而高级主管升不上去，我自然也就原地踏步。

后来，那位高级主管忍无可忍，与经理公开决裂，于是赔了一笔年资后，便被经理炒鱿鱼走人了。高级主管一走，我认为可以有机会升职了，因为顶头上司一走，一般是下属接位。

但没想到的是，经理从他的心腹主管中，升了一位年轻的女主管来担任我新的上司，而且对方对ISO业务并不熟悉。经理宣布这一任命时，还一脸怪笑地要我好好支持她的工作。更让我难以接受的是那时正值五月份，正是一年一度给员工升职加薪的时候。结果部门经理交到人事部的加薪人员名单中，别人都有名字，唯独缺了我一个。那一刻，我总算彻底明白了，知道经理有意挤对我出去。于是我赶紧去人才市场换工作，结果一周后，我应聘上了一家大型公司的人资经理。

接下来，在我向经理辞职时，出现了滑稽的一幕：我走进经理办公室，表达了要离职的意向。经理象征性地说了几句宽慰的话："你在这里做得不错呀！干吗要离职？"我于是讲了几条理由。"既然如此，你就抓紧写份辞职申请吧！"于是，我把辞职申请填好后交给他。经理接过来，看了看后藏进了抽屉，马上换了副面孔，和颜悦色地说了一番真心话："兄弟，你人其实挺不错的，只是明珠暗投。"我当时有些不解，反问他："我不是一直在你的领导下做事吗？"这时，他才道出了原委：当年，我顶头上司把我从人事部挖到质量系统部时，当时经理也希望我进去后把那位高级主管替换掉，但后来发现我跟高级主管私交不错，于是便不悦起来，以为我读书把脑子读坏了，认不清形势，后来干脆和那位高级主管一起挤兑掉。其实，我进这一个部门，并不知道有这层玄机，以为大家在同一个部门做事，是一个整体，而不知道这背后原来有两个世界。

其实，在不少公司的部门里，都存在着这种不健康的圈子文化。通俗点也就是站队，有时候如果站错了队，就算能力强，能做事，换来的不过是挤兑和打压。而这种圈内与圈外的亚文化，本质上就是权力过于集中的结果。一些部门一把手，一旦握有升职加薪的重权之后，就会高高在上，把自己视为部门的权力中心，刻意培植自己的势力圈子。而对于那些有能力、能做事但不属于自己圈子的员工，他反而会视为一种异类或威胁，尽情地排挤和打压。如何消除这种圈子文化，这是公司必须解决的问题，也是本书后面要阐述的问题。

4. 要“南郭先生”，还是“千里马”？

大家都听过南郭先生的故事：战国时期，齐国的齐宣王非常喜欢听吹竽合奏，本无此才艺的南郭先生却混入了乐队之中，不懂装懂、摇头晃脑地装成一副行家的模样，深受齐宣王喜爱。后来，齐宣王死了，其子齐湣王接位，他却喜欢听吹竽独奏，害怕露馅的南郭先生，心虚地连夜逃离了皇宫。由此，南郭先生也暗喻为无才而占据其位的人。

其实，在企业里，也不乏南郭先生这样的人，甚至比那些“千里马”式的人在企业里还混得开。一般来说，实行“人治”的公司，南郭先生往往相当多。所谓“人治”，就是企业依靠人管人，企业没什么管理机制，就算有一些制度，也是束之高阁。企业的一切人和事，都是由领导说了算，也无从追踪每个员工的工作情况，好坏完全在于领导的一张嘴。在这种管理模式下，南郭先生式的员工往往更吃香。

要知道，南郭先生是没什么才艺，但他很善于做表面工作，很会揣摩领导的心思，很会装模作样，一副很能干和投入的样子。这类员工往往跟领导关系处得不错，甚至倚为心腹。而千里马式的员工，往往自信自己的才能，坚信凭本事、凭业绩吃饭。这类员工往往是埋头做事，而不善于刻意迎合、讨好领导，最后反而被冷落。

这类案例，在企业界相当常见，我在深圳某大型玩具集团公司任职期间，曾遇过一个不倒翁式的经理，工作中曾多次酿成大错，给公司造成重大损失，但他的位置依然安安稳稳。有一次，公司由他负责 ISO 质量体系，结果不到一年，一个原本执行很到位的 ISO 质量体系却被搞得一塌糊涂，导致发证机关（香港品质保证局）年审时，发现数十个严重不符合项，直接的结果就是要吊销公司的 ISO 证书，而如果证书一吊销，那意味着公司的产品没有出口权，这对于这家出口型玩具企业来说，无疑是致命的。

后来，公司高层出动，反复公关，对方才给一个整改期，后换一组人马重新整改，才化险为夷。事后，一查原因，发现那位经理其实不懂 ISO，也疏于管理，导致公司出现了这一危机。正常情况下，像这样的南郭先生是应该被解职的，但公司高层并没有这么做，只是把他调入人事部，负责公司的 COC（企业行为守则）体系的运行监管工作。

然而，负责COC体系时，不到半年，又出了件大事，由于这位南郭先生不太懂COC体系，也不勤于监管，又把公司的COC体系做烂了，竟然被客户委托的公证行审厂时，在公司旗下的一家大型玩具加工厂里发现了大量违规问题，如员工住宿条件较差，加班时间过长等，直接导致评审不通过，于是客户取消了合作关系。一个主要客户流失后，导致这家下属加工厂一下就丧失了订单来源，没几个月就关门倒闭了。对于这种大错，原以为不论如何，公司都会将其解职的，但奇怪的是，风波一过，这位南郭先生又安然无恙。

后来，才发现原来他跟公司一些高层关系比较铁，跟一些领导关系处得不错，常常在一起吃吃喝喝，送这送那。所以，那位经理虽然做事不怎么样，没什么专业能力，也屡酿大错，但每次都有人为他保驾护航，仕途有惊无险。

相比之下，那些千里马式的员工，往往自信自己有一技之长，认为自己有能力，可以凭本事吃饭。他们渴望一种公平的竞争环境，甚至对“南郭先生”式的员工，刻意迎合、讨好领导而感到不耻，对公司内部一些幕后交易愤愤不平。有的甚至公然表达对领导的不满，到处述说领导一些不光彩的地方，这类员工反而成了某些领导的眼中钉、肉中刺，往往会备受排挤，或者限制使用。这样，企业往往会形成一种“南郭先生”飞黄腾达，而“千里马”寄居篱下的荒唐现象。

到底要“南郭先生”，还是要“千里马”？不同的人有不同的答案。对于企业老板来说，要的当然是千里马，因为企业

80%的业绩是由20%的人才创造出来的，千里马越多，就能给公司创造更多的效益，每个老板都希望自己的公司人才兴盛，每个员工都能发挥出他应有的价值。而对于部门领导来说，恐怕未必，因为千里马越多，他反而觉得威胁越大；多几个“南郭先生”，他们还能形成一个紧密的势力圈子；由此，有些部门领导反而会重用“南郭先生”，而限制千里马。

但对于人力资源管理工作者来说，视角应该是跟老板一致的，热衷于千里马，努力给千里马一个完好的发展环境。所以，在人力资源管理过程中，要学会在公司内部寻找千里马，千万别犯“打着灯笼在外招才”，而让公司内部的千里马“骈死于槽枥之间”的低级错误。一个公司的兴旺发达，靠的是千里马的拼杀，南郭先生这种假人才是不会为公司做什么正事的，也挑不起大梁。他们所做的就是如何压制千里马，如何保住自己的位置，如何往上攀升。南郭先生太多的公司，必然政治氛围浓厚，企业氛围不良。公司要发展壮大，一定要先清除南郭先生，给千里马腾出施展才能的空间。

5. 用“赛马机制”打破“暗箱操作”

在传统的企业管理中，人事权过度集中在用人部门负责人手中，提拔谁不提拔谁，完全由部门负责人说了算，也没什么业绩作为依据，不但容易产生圈内人与圈外人的亚文化，还会导致“暗箱操作”现象的产生。一些跟部门领导走得近的人往往容易获得升迁，而每天只是低头做事的人，往往会被排挤在圈子外面。

许多公司的晋升机制是很不透明的，当用人部门出现管理岗位空缺时，往往都是用人部门提供人选，向人事部提交一份任职申请书，用人部门负责人写上几句评语式意见后，再由人事部象征性地跟着写同意意见，然后再由总经理或总裁批复即可。过程中往往没什么绩效考核依据，也没有几个候选人可以挑选的，也不会经过其他员工的投票选举，或者征询其他员工的意见，完全采用一个萝卜一个坑的方式。而上面也完全跟着用人部门负责人的签批意见，象征性地进行批复，几个领导一签字，任命就生效了，就“名正言顺”了。其实，过程漏洞百出，完全是一种暗箱操作。

当年在深圳某知名软件公司工作时，总裁为了规范公司的管理工作，特意将传统职能部门，如人力资源部、行政部、财务部、项目管理部等，组合成运营管理中心，并亲自兼任运营管理中心的总监。作为老板助手，我的大部分工作主要是协助总裁做好公司管理机制的建设工作。当时公司共有八个开发中心，六个子公司，每个中心和子公司都有一位高管监管。公司每年有 2 次调薪机会，每次只调整 30% 员工的工资，而每次的调薪名单，都是由各部门负责人提交，然后交总裁统一签批。

有一次，我把公司员工的工资报表拿来一看，发现员工间的薪资差别很大，同一级别的软件开发工程师，有的月薪过万，而大部分只有四五千，甚至有的只有三千块左右。

于是，我便把近年来各部门负责人上交的调薪表拿出来，对比着一看，便发现了一个很大的问题：每次调薪，各部门负责人基本上都是报那几个人，但又看不出他们的过人之处。于是，我汇报给总裁之后，再设计了一套各部门员工业绩统计表，每月统计各部门员工负责的软件项目销售收入总额，这一统计，每个员工的业绩情况便一目了然。其中，我发现了不可思议的一幕：某分公司的软件工程师，一个人在山东地区开拓业务，其销售金额竟占到了该分公司的三分之一，也就是说，该分公司剩下的六十多位员工，只占到了不到三分之二。而这位工程师的工资却只有三千多一点。我把这一情况上报给总裁之后，总裁也非常震惊，然后全面清查公司的加薪情况，却发现那些常被加薪的员工，并非业绩出色，而是跟领导关系处得好，而那些与领导关系一般的员工，升职加薪之类的机会自然就不会落在他们身上。

暗箱操作是最容易形成那些“圈子”文化的，也会严重挫伤那些低头做事员工的积极性。如何打破“暗箱操作”？最好的方法就是采用“赛马机制”。俗话说：“是骡子是马，拉出去溜溜就知道了。”说到赛马，大家很自然就会想到“赛马机制”的发起者——海尔。海尔的用人机制可以概括为“人人是人才，赛马不相马。”所谓“赛马”，其实是借助于通过一套成熟的绩效管理机制，把每个员工的工作业绩以量化分值的方式衡量出来，然后放在一起比较，谁优谁劣一目了然，就像一群马在赛马场上奔跑起来一样，谁跑得快谁跑得慢，看得清清楚楚，这样就可以把出色的员工挑选出来，委以重任或进行激励，这样的管理才是有效的。

海尔公司是我国目前管理做得最完善的企业之一，其建立起的“海尔文化”更是在企业界备受推崇。海尔公司也是目前我国能实现人力资源自动化的极少数企业之一。海尔公司的员工能做到“日事日毕，日清日高”。也就是说，海而公司的员工会在自己的岗位上，自觉地、积极地做好岗位工作，其背后的约束机制其实就是海尔文化，也即 OEC 管理。O 是英文单词 Overall（全方位）的缩写；E 是①Everyone（每人），②Everything（每件事）③Everyday（每天）的缩写；C 是①Control（控制），②Clear（清理），联合起来的意思就是：每个人、每件事、每一天都会受到全方位的控制或清理。控制也就是绩效考核，清理就是做完今天的工作任务。

如果每个人、每项工作都有完善的考核，每个月把每个员工的考核结果放在一起，每个员工的能力和表现就被看得清清楚楚，再把考核结果跟员工的任职、晋升和激励等挂钩起来，就形成了一套完善的赛马机制，员工无须部门领导的督促，都会自觉把工作做到位，而且整个竞争机制也非常公正、透明。

6. 将“人事权”收归 HR 手中

人事权控制在部门负责人手中，这是企业管理乱象的根源之一。企业的人事权一旦被部门一把手操纵，往往会引发多方面问题：一是政治氛围浓厚，部门“一把手”掌控人事权后，手中便握有驾驭下属的大棒，往往会借助升职、加薪之类的手段来团结一批心腹，打造自己的势力圈子，并借此排除异己。如此一来，公司容易形成一个个山头；二是不利于公司完善管理机制，不利于公司一些政策、制度的贯彻执行。因为人事权一旦掌控在各部门负责人手中，那公司的人力资源部就成了摆设，而且人事部想推行的一些统一的管理制度，往往很容易受到各部门负责人的抵制。这时候，各部门负责人会成为公司管理变革的最大阻力，因为他们也不想削弱手中的权力；三是不利于公司人才运营方面机制的建设，部门员工在公司内部跳个槽都不可能，因为每个部门的员工都受部门负责人的管制，有些员工想在公司换个岗位，没有部门领导的同意是不可能的，所以公司员工往往很难内部流动，更谈不上进行人才运营管理了。

所以，公司要想建立完善的人力资源管理机制，就必须将“人事权”收归到 HR 手中，由人力资源部统一组织制定公司的人力资源管理机制，然后在全公司贯彻执行，才能起到实效，才能激发员工的激情和潜能，才能真正发挥人才的战略价值。一些成功的企业，往往会让人力资源部掌控三大权力：员工绩效考核权、任职权和薪资权。这类公司往往都由人力资源部牵头组织建立一套完善的绩效考核机制，去追踪各部门及其员工的业绩表现。由于人力资源部是第三方部门，与用人部门没有利益冲突，而且采用的是跟员工工作紧密相关的量化指标，有利于做到透明、公正。

一旦绩效考核实施成功后，人力资源部就能准确知道每个员工的工作业绩情况，这样就可以跟员工的任职和薪资挂钩起来，通过透明的晋升机制和薪资体系给付员工相应的职位和薪资，而没有必要再经过用人部门负责人这一暗箱操作，员工完全凭自己的能力和业绩吃饭，不用再看领导的眼色。这有利于消除传统的、不健康的圈子文化，有利于消除潜规则和办公室斗争。

把薪资权收归到 HR 手中，有利于公司建立统一、规范的薪资体系，如结构化薪酬、宽带薪酬、绩效工资制等，而且公司的加薪机制也能做到科学、透明，避免人为干扰的影响。在一些薪酬体系完善的公司里，员工的薪酬会拆分成很细，如基本工资、管理津贴、技能工资、工龄工资以及各类补贴等。每个员工的薪资水平，由 HR 根据薪资表一套就出来了，而且员工的工资，以及加薪幅度还与其绩效结果直接挂钩起来，与用人部门领导没有任何关系，员工完全凭本事吃饭，这样就有利于形成一种良性的工作氛围，激发员工的工作热情。

HR 手中还有一个重要的权力，就是任职权。在传统企业里，部门任用谁不用谁，完全由部门领导说了算；而且员工每天的工作内容，还主要由部门领导来调配，整个管理机制会显得很集权，甚至官僚化，这是许多公司的部门中形成圈子文化的根源所在。领导欣赏谁就重用谁，看谁不顺眼，就挤对谁。而管理到位的企业，却不是这么做的，员工的任职权，甚至包括部门经理的任职权，完全掌握在 HR 手中，这样做是非常有依据的。除了可以杜绝办公室潜规则之外，还可以实现人才运营，最大限度地发挥人才的价值。

我在深圳正威国际集团公司工作时，该公司在任职管理方面是做得非常出色的。公司的岗位设置和员工的任职管理，完全由 HR 负责。公司人力资源部组织各部门做了详细的工作分析，根据各部门的工作量来设置精简的岗位，再根据岗位的任职条件来统一配置人员。部门经理级以下的员工，由各子公司人力资源部负责配置，经理级别及其以上的中高层管理人员，统一由集团人力资源管理中心统一配置。说到统一配置，意味着 HR 有全权的人事任命权和调配权。

由于公司有一套完善的绩效考核机制，HR 从各部门员工每月的绩效考核报表中知道每个员工的工作情况，对于不称职的员工，HR 可以按规定重新调配他的工作，或者将其解雇；而对于工作出色，有潜能的员工，HR 便建立了一个企业人才库，一旦某部门空缺一个管理岗位，HR 就会在公司人才库中物色一位合适人才，然后出一道“人事令”，将该员工从其他部门或子公司调往用人部门任职，而无须经过当事部门领导的同意。如果某些部门领导岗位空缺，就由集团总部的人力资源管理中心去物色合适人选，然后填写“人事令”，交集团总裁签批，全公司公示后，直接空降任职。

所以，只有把人事权收归 HR 手中，才能凭借 HR 的专业职能，组织各部门构建完善的人力资源管理机制，才能做到薪酬、任职管理等工作的科学化，才能有效地消除办公室潜规则，杜绝不正之风，为员工创造一个理想的工作环境，才能发挥出人才的战略价值。

7. 以奋斗者为本

《以奋斗者为本》是华为公司首席管理科学家、中国人民大学商学院教授黄卫伟主编的一部揭示华为公司管理精华的经典著作。其中重点揭示了华为公司人才任职要求、选拔与配备、使用与管理、人才队伍建设等管理理念与机制，在企业界有比较深远的影响。

华为公司也是目前我国管理最规范、最有效率的企业之一，从成立到现在，一路高歌猛进，快速发展。其成功的背后，与其理念“以奋斗者为本”是分不开的。华为公司汇聚了数以万计的高端技术人才和管理人才，像狼群一样为公司的发展奋斗着。许多优秀的人才都以加盟华为作为自己的职业目标，并引以为豪。

在传统企业里，听得最多的就是老板的哀叹，为什么只有自己整天像狮子一样奋斗，而员工却像羊群一样，跟不上自己的步伐？有这样一个故事：在一次企业家培训课堂上，有位老板懊恼地向培训师提了一个问题：近来他感觉到公司一些优秀的人才正可能离他而去，一旦跳槽走人，一些业务将会陷入瘫痪状态，这让他寝食难安，于是问培训师该怎么办？培训师开玩笑式地说：“那你把女儿嫁给他！”那位老板苦笑着说：“我没女儿，就算有也嫁不了那么多人。”这或许是许多企业老板都会遇到的窘境：人才心不在公司。

而在华为，每个员工都成了奋斗者，如同一支庞大的狼群一样，共同奋斗。华为的成功秘诀就是：以奋斗者为本。大多数企业的老板只是在做企业，其经营宗旨是追求股东利益最大化，而与员工割裂开来，这类企业的成功，只为股东带来成功，所以员工对于企业的发展和前途是没有什么兴趣的，更不用说激发斗志了。而华为公司却把企业做成了带动大家共同成功的事业平台，把公司做成了大家共同的事业，由此，吸引和激励了一大批优秀人才，成了华为公司忠实的奋斗者。

一个企业要发展壮大，光靠老板一个人或者少数几个高管的努力，是不可能获得成功的。必须要有一批忠于公司的骨干员工，与老板共同奋斗，才能把企业推向成功。一个企业如果只注重股东的价值，只追求企业的利润最大化，而不关注员工，尤其是骨干员工的价值，这类企业将会离心离德，最后可能会分崩离析。只有树立以奋斗者为本，打造忠实的企业人才队伍，把人才斗志激发出来，才能把公司推向成功。

当年在深圳一家大型软件公司工作时，曾经历过企业的一段经营危机。公司是一家以办公软件为主的科技型企业，早在公司成立之初，只有几十个员工时，公司的年销售额就突破了一个亿。而十余年后，公司拥有了近十家分公司，近千名员工，销售额竟然缩水了近一半，形成了严重的“规模不经济”。老板也开始亲自整顿管理，推行了所谓“目标管理”机制，让每个分公司承担销售指标。但奇怪的是：每个分公司的销售指标并不重，甚至只有一些同行企业的几分之一，但大部分分公司的高管就是不完成，导致公司经营一路下滑，陷入严重的困境之中，让老板一筹莫展。

之后，慢慢发现了问题的关键所在：许多高管联合起来，工作不给力，在外面接到项目订单也不交付给公司，而是以其他方式把软件项目做了，然后把款项纳入私囊。老板知道后大为愤怒，甚至我都有点为公司鸣不平，感觉公司那些高管不地道。但后来跟那些高管接触多了，又看到了另一番景象，高管们都在数落公司的不是。他们诉苦说当年跟随老板创业，将一个空壳公司做成一家大型集团，为公司创造了大量的收入，但股份全部为老板所有，他们累死累活，每个月就拿万把块钱的工资。这一说，我就明白了，他们希望能获得公司一点股权，而老板却舍不得给他们。于是双方开始对立起来了。这才是公司快速走下坡路的真正病根所在。

在几近破产之际，老板最终作出了妥协，同意进行股份制改革，让高管和员工们按照一定比例认购公司股份，然后再打造包装上市，于是把公司价值和员工价值有效统一起来，把广大员工尤其是高管变成了奋斗者，公司业务顿时扭转颓势，开始稳步向上。

成功的企业，往往都会注重员工的价值，不光会让股东满意，顾客满意，还会注重员工满意。只有把员工的价值统一到企业的价值中去，形成一个共同愿景，把公司变成大家一个共同的事业平台，才能激发员工的工作热情，才能让员工变成公司的奋斗者，这样的公司才有向心力，才有生命力。

SHIJIE 500QIANG

J.P. MORGAN CHASE &

埃克森美 EXXON

巴西国家石油公司

日立 HITACHI

FORD MOTOR

Apple(苹果)

美国快捷药方控股公司

法国巴黎银行

SIEMENS

BMW

摩根大通 J.P. MORGAN CHASE &

康德乐

法国电力公司

三星电子SAMSUNG ELECTRONICS

THE WORLD'S

top 500 director of human resources management notes

第五章
人才培养：让企业具备“造血”功能

有的企业只注重使用人才，而不注重培养人才，于是在使用人才时，容易患上“外招依赖症”。当一些重要岗位空缺时，在企业内部找不到合适的继任者，于是只好选择对外人才引进，结果把内部员工的晋升通道给截断了，从而导致大量内部人才外流。成功的企业则很注重内部人才开发，让企业具备造血功能，从而拥有大批的后备人才。

1. 企业的“外招依赖症”

在传统企业里，人事部做得最多的是招聘工作，最头疼的也是招聘工作。人事部的招聘是服务全公司的，各部门新增岗位，要人事部去招人，部门人员离职，也要人事部去招人。甚至一些管理岗位空缺，都必须依靠人事部去外面物色人才来填补空缺，大多数企业都患上了“外招依赖症”。

我曾经服务过一家大型集团公司，公司业务发展较为迅速，但管理工作跟不上，尤其是薪酬待遇比较低，没什么市场竞争力。这就导致了一种尴尬现象，新增岗位越来越多，而内部人员离职率也非常高，导致人员入不敷出。总裁不断把经营指标压给各职能部门，而各职能部门又把“人才需求指标”压给人力资源部。一时间，各部门的焦点都聚向了人力资源部，当时印象最深的是营销部，一下紧急需求业务人才 30 多人，其中包含多名营销经理甚至片区总监的高端人才。

在公司每周一的经理级会议上，总裁都在紧盯营销部的业务指标完成情况，而业务部每次都把指标未能完成的原因归为人力资源部招不够人，以致总裁又把招聘的重任压在人力资源部身上。要求人力资源部每天填写一份招聘统计表，列明各部门各岗位的招聘需求数，每天招到的人才数，累计招到的人才数，以及人才差额数。要求每天下班前发送总裁审查，并抄送各部门负责人过目。而且，在会上，总裁振振有词地说了一句："你们人力资源部就是做招聘的！"结果导致人力资源部的全体员工全部丢下手中工作，使出浑身解数投入到招聘中，去人才市场的跑人才市场，网络招聘的网络招聘，四处求贤，苦不堪言。

企业为什么会患上"外招依赖症"？原因是多方面的，一是企业往往"后继无人"，企业为了把成本压到最低，往往各岗位都是一个萝卜一个坑，根本没有后备军和生力军，不像有的大企业那样，培养了一批储备干部。没有后备军的企业，一旦出现岗位空缺，就不得不依靠紧急外聘来填补；二是企业将招聘视为一种投机取巧的行为，许多企业是不愿意培养员工的，因为老板往往把员工看成一种短暂的雇佣关系，把员工看成一种成本。许多老板认为，培养员工是需要花成本的，一旦花了几年时间，把员工培养起来了，对方却选择了跳槽，另谋高就，那企业这笔投资就亏本了。

而许多老板原本就是一些精明的商人，亏本的买卖他们是不愿意做的。于是大家采用的方式都是"摘桃子"，一旦缺少某些人才，就让人力资源部去市场上招聘已经培养好了的人才。所以，大家看到的企业招聘广告，往往都会在岗位任职条件上列明：在同行业工作若干年以上，具备什么样的技能。希望对方一招聘进来就能上手，人事部不得不按照这样的标准框框去市场上套取人才。

患上"外招依赖症"的企业，是很难解决"人才荒"的。从外面招聘优秀人才，也不过是企业一厢情愿的想法，因为懂得培养人才的企业，往往都懂得留住人才，这类企业往往都有很强的人才磁场，能把人才牢牢吸住。而在人才市场上流动的，往往都是一些三流人才，或者是一些“骑驴找马”的人才，即有的人在某家公司呆得不如意，于是又把简历挂在招聘网站上，看看有没有更好点的岗位机会，这类员工是不会忠诚于企业的，通俗地讲就是“有奶便是娘”，如果下次遇到更好的发展机会，他又毫不犹豫地跳槽过去，于是企业又得去外招了。

此外，患上“外招依赖症”的企业，企业累，人力资源部也累。因为长年累月有招不完的任务，企业一有岗位空缺，人力资源部就得忙碌起来。而且，尤其是一些中高端技术人才和管理人才，是相当难招聘到的，因为本来这类人才就非常稀少，企业又把条件限制的很死，要求具有相应的专业，同行业多年的工作经验，熟练掌握岗位技能，而且工资待遇又给得相当的低，几乎是不可能完成的任务。

当年在深圳某矿业集团公司工作时，旗下某冶炼厂急需几位工程师，总裁限令必须三个月内到岗，因为公司的矿山急需探矿和采矿；如果技术人员不到岗，那后续很多工作就无法正常开展。那段时间真是把我快逼疯了，因为这类人才很难招聘到。首先，要求对方地质类、矿业类本科以上学历；其次，要求对方在同行业从业三年以上，因为不同的矿业，经验要求是不一样的，公司经营的是锑矿，而其他如铜矿、钨矿、煤矿技术人员是不配套的；最后就是子公司在西部一个县下面的山区里，地域偏远，工资待遇又相当的低。跑去人才市场收简历，找不到一个投简历的，在网上搜索简历，符合条件的就两三个，一电话沟通，还没面试，对方就拒绝了，在大学里招应届本科生，公司又嫌没经验，做不成事；打电话到同行业公司去挖墙脚，结果一探问对方当前的工资水平，比我们公司高出一大截，于是话没说完就尴尬地把电话挂了。最后，只有总裁亲自出马，通过行业的朋友圈，花了重大代价才把问题解决。

从短期紧急外招来看，对外招聘可以解一时燃眉之急，但从企业长远发展角度来看，“外招依赖症”是企业必须根治的一大顽疾。其实，许多成功的企业，尤其是欧美企业，针对一些重要岗位，往往都是通过内部招聘来完成，只有一些基层岗位才放出去外招，为公司补充新鲜血液。

2. “无才可用”，其实是个伪命题

当一个管理岗位出现空缺时，正常的逻辑是把下一级员工提拔上来，可企业为什么要选择对外招聘呢？许多企业给出的理由往往是：企业内部无才可用。既然无才可用，那自然就只能依靠外招了，似乎很合乎情理。在许多企业里，当一个中高层管理职位空缺出来后，往往似乎真的找不出一个称职的下一级员工接班上去。

例如，当一个人资经理离职后，在其下属的人事主管中，往往很难找到一个能接替经理工作的，因为人资经理需要负责

公司全盘人力资源工作，而人事主管往往只负责一到两个模块的工作，例如招聘主管往往只熟悉招聘工作，培训主管只熟悉培训工作，薪资主管只知道核算员工的工资，没有一个主管可以负责公司的全盘人力资源管理工作。而老板也不可能把这样一个重要的岗位交付给一个没有做过人资经理的主管。于是，最后的结果就是：一个部门经理离职后，企业只得在外面重新招聘一位经理。

企业内部真的无才可用吗？其实，这是一个伪命题。当前企业招聘的员工，基本上都是本科以上学历，有较扎实的专业知识，有较好的可塑性。只是企业的管理模式还停留在过去的水平，导致没能把企业的内部人才利用起来。许多企业依然沿用的是亚当·斯密的分工式管理，即将部门的工作分工成若干个岗位，每个岗位配备一名专职人员，每天只负责岗位职责以内的工作。亚当·斯密提出的分工理论，目的是提高员工的工作效率，因为每个员工负责一个岗位的工作，就会变得很熟练，于是做事效率相对比较高。在过去的百多年时间里，由于企业员工的素质普遍比较低下，于是企业就把部门的工作分解成若干个岗位，并安排专人负责，再由部门经理来监管、协调各岗位员工的工作，这套机制也能有效运转起来。

然而，传统的分工式管理有个致命的缺陷，就是每个员工仅仅局限于一个狭小的岗位职责内，无法跳出岗位职责的框框，自然能力也就无法全面发展，职业生涯严重受限。在过去，由于员工素质较低，主要从事基层岗位，常年束缚在基层岗位上，员工往往也能接受。所以就出现了企业外招那一幕：一个部门负责人离职之后，公司又重新招聘一个部门负责人，然后大家又在“新老大”的领导下继续做事，中高层岗位的人员变换似乎与基层员工无关，因为他们也知道自己坐不了那个位置，至于谁在上面并不重要。

在知识经济时代，面对着较高素质的知识型员工，这套分工式管理机制已经越来越不适应时代的需要了。因为每个知识型人才都追求工作自主，追求职业前途，他们具有本科以上的专业素质，有良好的可塑性，稍微培养一下就能全面发展。于是，知识型员工不会把自己束缚在基层岗位上，他们非常注重职位的升迁，如果在一个公司里数年升不上去，许多员工就会跳槽另谋出路。

前些年，我在深圳一家集团公司担任人资部经理时，曾遇过一件事：我刚入职的第二天，部门一位得力员工就向我提出辞职申请。她是管理类本科毕业，在公司工作了两年，部门经理级以下的员工，都由她负责招聘，为人精明干练。对于她的突然离职，我甚是诧异，于是跟她进行了一次面谈。

我问她是不是对我这个新上司有成见？她笑了笑，摇头说：“您初次来公司，我们又没什么过节，何来成见？”我于是又问：“是工资待遇不满意吗？如果有不如意的地方，我看看能不能向公司申请调整。”她又摇了摇头说：“工资待遇还行，也不算低。”后来再三盘问，她才道出了实情。原来她两年来一直从事的是招聘工作，感觉除了招聘外，什么都没学到，也看不到什么前景，所以想换个职业发展。这么一说，我便立马醒悟了，然后跟她换个方式谈，商量跟她换了绩效专员的岗位，并承诺采用团队式管理模式，即部门成员间可以相互协助彼此的工作，可以参与到公司的每一模块的人资工作，这样技能就能全面发展。如此一来，她便欣然接受，后来又升成了经理助理，等我离职后，她又全面地接替了我的工作。

所以说，并不是企业内部没有人才，而是企业不懂得如何使用人才。如果换个管理模式，采用团队式的扁平化管理，让部门成员在分工的基础上，再进行相互协作，这样既可以大幅精简人员，又能让每个员工全面发展，让一些优秀的员工脱颖而出，成为公司中高端人才的后备军，一旦有重要岗位人员离职，完全可以从内部人员中挑选人才进行岗位接替，也能给内部员工一个好的职业发展前途。

3. 外来的和尚真的好念经吗？

中国有句俗话：“外来的和尚好念经。”针对企业喜欢进行外部招聘问题，我曾听过一个同行的解释：从内部提拔一个员工上来，恐怕大家都不会服气，因为大家知根知底；而如果从外面招聘一个人进来，负责部门的管理工作，往往很少有人反对。其实，我的观点恰恰相反：从内部选拔人才，只要程序合理，公正透明，大家都会心悦诚服；而如果从外面招聘一个陌生的人进来，占据重要的岗位，往往会引起部门员工的公愤。首先，部门内部员工在公司都创造过不少业绩，建立过功劳，好不容易等到一个重要岗位空缺出来，公司如果把它交给一个外部的人，让一个没有创造过业绩的人轻易地摘下桃子，员工肯定会不服。

一般来说，企业的内部人员对新来人员，尤其是占据公司某些重要岗位的外来员工，是抱有很大排斥感的，因为对于大家期望已久的职位，一旦被新来的人员占据，内部人员往往会采用冷漠，甚至暗地里拆台等方式进行挤兑。其次，外来的管理人员往往不熟悉公司内部的业务，通常要三至六个月才能融入工作，而且每个人都有自己的一套管理经验，新来的管理人员往往不知道现有的管理模式，而会在工作过程中不断灌入在以往公司的管理制度，从而把公司现有的管理制度打乱了。

其实，在很多公司都会出现这种现象：新来一个部门经理后，出于客气，老板会把部门事务全盘交付给他去运作。而新经理在管理过程中，往往不注重公司管理机制和文化的传承，在工作中不知不觉地灌输自己的那一套。结果，换一个经理，公司就换一套管理机制，每次都是从打乱原有管理机制，再贯彻新的管理机制，然后再磨合适应。过几年换个新经理，又重新来一套，最后导致公司管理一塌糊涂。

记得当年在深圳一家矿业集团公司工作时，总裁让我负责公司的行政人事工作。在入职的第一个月里，我每天都在思索如何把公司的行政和人事工作管理起来，先去了解公司的业务，然后再思索管理措施，最后希望建立一套比较完善的管理机制。结果，入职一个月后，总裁对我似乎有成见了。有一天，他把我找进总裁办公室，先客气地问下我的工作情况，然后严肃地说了两点：一是没有看到我有什么表现，不知道我在做些什么；二是以前公司一些好的制度没见到执行了。他举例说公司每周都有一次工作汇报，部门员工要将自己这周的工作总结和下周的工作计划提交经理审阅，而经理级以上的员工，要把整个部门的周工作情况及下周工作计划上交总裁。但四五周过去了，总裁一直没见到我的工作总结。

于是，我赶紧向总裁汇报我近期的工作情况，并把自己起草的管理制度提交给总裁看，原本以为总裁会赞赏一番，没想到总裁草草看了一下，便批评我说：“公司已经有自己的一套管理制度，新来的管理人员不应该把它推翻，而应该做好传承和延续。我不欣赏每个经理一来就建一套制度，哪怕你的制度建得再好。如果你有一些好的建议和理念，可以在现有制度的基础上逐步完善，但前提是你必须先熟悉我们公司的制度，并把它有效运作起来！”

其实老板的观点是对的。这次谈话对我的工作理念冲击很大，我也快速地调整了工作思路和方法，开始把公司所有的制度翻出来，一项项去理清，先让公司以往的管理机制照常运转起来。这时，我才发现公司的管理系统其实已经比较完整，许多好的制度还是老板亲自组织制定的。每个公司的管理机制，都是公司过去成败经验的总结，经过了多批管理人才的讨论、修订和完善，就像少林寺的武功一样，都是经过了无数代高僧的传承发展，而后才发扬光大，博大精深。企业管理也是一样，往往都要在原有管理机制的基础上进行传承、创新和完善。

所以说，外来的和尚并不容易念好经，因为他们不熟悉公司的管理制度和企业文化，不太注重公司原有管理的传承。外来的管理人员，每人都搞自己的一套，反而把公司的管理体系给打乱了，而如果启用内部人才，就可以有效地避免这一点，也可以保持公司内部人才的稳定，不至于招来一个女婿，气跑了一群儿子。

4. 把晋升通道还给内部员工

员工为一家公司效劳，他主要关注两个方面：薪水和前途。而晋升就是属于“前途”中的一个重要部分。在知识经济时代，员工基本上都受到过高等教育，有较好的综合素质，属于管理学中定位的“自我实现人”。这类员工往往很注重自我价值的实现，注重成长的需要，所以，他们很在意自己的职业生涯，都希望能在公司里混个比较高的职位，而不喜欢常年在别人的指挥下做事。

但金字塔式的组织结构，造就了上层的岗位会越来越稀少，由此导致公司晋升的机会并不多，有时候为了一个职位，许多员工要用好几年去等。而一旦这个职位空缺下来而被外人占据了，那意味着他们过去的努力都泡了汤，还得再花几年去等这个机会，但他们已经没有兴趣和时间了，只好另谋高就。所以，能不能满足员工成长和晋升的需要，是决定企业能否凝聚员工的关键因素之一。

有的大型集团公司为了给员工晋升的机会，往往会把岗位层级设置得比较多，因为岗位层级越多，员工升迁的机会就多。例如，深圳某港资玩具集团公司，公司的管理层级高达13级，文员为一级，专员为二级，主任为三级，然后依次为高级主任、副经理、经理、高级经理、副董事、董事、执行董事、高级执行董事、董事总经理和行政总裁。这样一来，员工每几年往上升一级，慢慢升迁。

后来，随着组织结构的逐步扁平化，中层的管理层级被逐步消减，例如美国通用公司的管理层级，曾一度高达24级，后在前CEO杰克·韦尔奇的推动下，进行变革，一度将管理层级消减为4～5级，导致了大量管理岗位的消减。而企业管理层级的消减，也就意味着企业的管理岗位日趋稀少，员工的升职机会将非常难得了。如果再把管理岗位给付外来人员，无疑会把一些内部人才推向极端。

深圳某玩具集团公司的品质部就曾出现过主管集体跳槽事件。那家公司的薪资采用的是与岗位挂钩的固定薪酬制，只有升职才会加薪，而且薪酬定位也非常严格，主管月薪4000－7000元，经理月薪8000－12000元。所以，员工都把希望寄托在升职上。有一天，该公司品质部的经理离职了，这下品质部开始热闹了，大家都在私下讨论该升谁上去。部门有两位高级主管：罗主管和赵主管，都在公司工作了好多年，而且对业务也非常熟悉，所以大家都认为这两位中肯定有一人能上去，而他们俩也是踌躇满志，等待着公司任命通知的下达。

但让大家跌破眼镜的是，半月后，公司从外面挖了个人来当经理，月薪过万。这样一来，部门就更热闹了，两位高级主管纷纷请假，不到一个月的时间，相继离职。而新来的经理对公司业务又不太熟悉，少了两根栋梁支柱，几乎让公司的品质系统瘫痪掉，也给公司掀起了一场大震动！

这种现象其实在很多公司都出现过：公司前门大量招聘，后门人才大量溜走。纽约市哈尼根咨询公司的创始人莫里·哈尼根有句很透彻的话："公司不是总能明白吸引人才与留住人才之间的关系，这一点很可笑。这些公司不断招聘人，其结果却见不到比上一个季度有什么改善。"在考虑所有因素之后，不仅包括付给猎头公司的费用，还包括因为员工离开公司而失去的关系，新员工在学习阶段的低效率，以及同事指导他们所花费的时间，替换员工的成本可能高达辞职者工资的两倍。因此，当公司有空缺职位时，第一想到的应该是把晋升的机会给公司内部的优秀员工。

在起用内部人才方面，外资公司做得非常出色。一项对200家外资公司的调查显示：当公司出现职位空缺时，一般采取"先内后外"的办法，当管理岗位出现空缺时，67%的外资公司采取内部提升或转岗；2%的公司在人才市场上招聘；

1% 的公司由政府任命。当非管理岗位出现空缺时，55% 的公司采取内部提升或转岗；45% 的公司在人才市场上招聘。每年离开公司的管理人员为 4%，非管理人员为 6%。

内部晋升作为激励人才的正面的手段之一，既可以鼓励员工进一步提升自我的能力，又能为公司节约大笔人力成本，对于公司和人才来说，无疑是一条双赢之路。目前也有一些国内公司在采用这一策略，收效甚丰。

从福日集团的快速扩张发展到成熟阶段，公司一直重视内部人才的发展，并一直在摸索适应公司发展的内部人才培养模式，“内部竞聘、培训管理、内部晋升”等一系列人才选拔与晋升方式，标志着集团已逐步开始搭建人才储备与员工晋升信道。福日集团常常举办一系列的后备店长竞聘会、后备部门经理及不同职务员工竞聘会等内部竞聘活动。通过竞聘会，一批优秀人才脱颖而出，成为集团发展壮大的中坚支柱。与此同时，集团根据员工的具体状况，制订了相应的培训规划，通过分层次、分阶段的培训课程，以及员工培训积分管理的办法，为员工的晋升铺平了道路。

5. 企业是这样“造血”的

如何根除企业的“外招依赖症”？最有效的方法就是企业通过内部培养人才，让企业具备造血功能，一旦公司出现重要岗位空缺，就可以在企业的人才后备军中起用内部人才。松下电器公司的创始人松下幸之助有句经典的话：“人才不是‘捡’来的，必须着意去培养。”其实，企业培养内部人才是一项战略性投资，也是企业管理水平高低的一道分水岭。

传统企业不肯内部培养人才，是因为企业把员工看成了成本，由此便极力把成本压到最低，更不用说在员工身上进行投资了。其实，员工是企业最宝贵的资源，如果通过内部培养，让人才持续增值，将会给企业带来源源不断的利益。

企业老板们似乎都意识到：企业的竞争已经演化成了人才的竞争，谁掌握了人才，谁就掌握了行业未来的话语权。像华为、海尔公司等，无不是依靠经营人才而腾飞起来的。企业人才越多，发展动力就越足，未来空间就越大。企业庞大的人才需求，仅仅依靠输血是无法满足现实需要的，唯有通过内部培养，让企业具备造血功能，才能为企业提供源源不断的人才供应。那么，企业该如何培养人才呢？笔者结合一些公司的成功经验，将一些好的人才培养方式归纳如下：

（1）“折腾”员工：生命源于运动，员工也一样。如果让一些员工长期停留在一个固定的岗位上，每天例行公事地做着一些岗位职责内的工作，员工就会丧失斗志，每天应付式地对待工作，就会变成一群老油条，能力也不会有所见长。这时候，公司就必须有意折腾一下员工，调换员工的岗位，让他们从事一些新的工作，或者给员工安排一些新的工作任务，让他们动起来。新的工作做得越多，那么员工的能力就提升越快，就能逐步培养成多面手。

（2）轮岗制：也称岗位轮换，是企业常用的一种人才培养方法。在传统分工式管理模式下，如果让员工长期束缚在一个固定的岗位上，那他的工作接触面就会非常的窄。每个员工只做一份工作，那他无法接触到部门的全面工作，能力也自然就无法全面发展，这样就把大量潜在人才给埋没掉了，变成了一头头拉磨的驴。其实，技能是可以相互交换的，把部门内的员工岗位工作相互对调一下，员工就可以掌握多项技能。例如人力资源部的招聘专员和薪资专员，每人原本都只掌握一项技能，但如果工作一对调，那每人都具备了两项技能，如果员工把部门岗位都轮换一遍，那整个人力资源部的六大模块工作都掌握熟了，能力自然就相当全面了。

（3）导师制：通俗地讲，就是师傅带徒弟，在公司的各部门里，往往级别越高的人，经验就越丰富，技能也越全面。对于有潜力的员工，可以让部门一些经理或主管担任其“导师”，带着员工一起开展工作。例如，有些经理把某些员工提拔为经理助理，带在身边协助自己工作，就可以手把手地把工作技能传授给他。所以说，助理型员工的成长速度最快，技能也很全面，也最容易接替上司的工作，因为他能全程参与上司的工作，并有上司这位导师的亲身指点。

（4）小马拉大车：“小马拉大车”是海尔集团的一套用人方法。用一匹小马去拉大车，虽然开始时可能有点困难，但一旦把车拉起来了，小马就变成了一匹大马。许多公司在使用人才时，容易陷入一种误区：公司任命一名重要岗位的员工，必须要求他在该岗位上工作过几年，必须具有相关经验，这样才能放心把岗位交给他。而对于基层员工，他们在公司里根本就没有这方面的经历，自然就与岗位无缘。其实，没做过并不代表不能做，事实上，只要做过一次，员工就会了。所以，有些公司，尤其是海尔集团，常常会起用一些小马，给他们一些挑战性任务或岗位，只要把工作做起来了，自然就成了一匹大马，能够堪当重任。

记得在深圳一家软件公司工作时，老板想在河南再成立一家分公司，由于天遥地远，公司高管们都不愿意去运营这家分公司。正当老板感到无人可用的时候，公司一位年轻的项目经理主动请缨，而老板也认为他平时做事严谨，有不少想法，于是姑且一试。就这样一个毕业不到三年的项目经理，摇身一变成了分公司总经理，带了几个员工前往河南发展业务，结果不到两年的时间，河南分公司发展到60人，而且业绩和管理并不比其他分公司逊色，由此，他也就成了公司最年轻气盛的高管人才，同时也是老板重点培养的对象，老板想进一步将他往公司副总裁方向培养。

（5）团队制：其实，企业最好的管理模式是采用团队化管理，团队管理操作起来非常简单、高效，由此也备受一些企业的青睐。团队管理就是在传统分工式管理的基础上，再加上协作，就形成一个紧密、高效的团队了。在团队管理中，每个成员都有一个专职岗位，但每个员工都不受岗位职责的束缚，成员间常常相互协作，相互支持，形成一个紧密的整体。每个员工都可以参与到其他成员的工作中去，而每个成员本职工作都有其他同事的帮助，这样，大家的工作都可以相互接触到，即可提高员工的工作饱和度和工作效率，又能全面锻炼人才。

6. 从“企业培训”到“企业大学”

培训，作为企业人才开发的一个重要手段，已逐渐受到企业界的重视，尤其是一些成功企业，往往把人才培训看成企业发展的关键。1997 年，德国西门子股份公司出版了一部带有自传性质的书，名叫《西门子——150 年的辉煌》，在书的封面上印了一段开场白，其中有这样一句话：“1997 年，西门子翻开了它历史中的第 150 页篇章，这是一个值得特别庆祝的历史时刻。纵观世界，在具有类似规模的工业公司中，能够享有如此悠久和成功历史的只有为数不多的几家。”而造就西门子 150 多年的辉煌的源泉就是：高质量的产品、完善的售后服务、持续创新和人才培训。培训是提升员工素质、造就人才的最主要途径。西门子每年用于培训的费用高达 8 亿马克，占其利润比例的 20% 左右，可见西门子对员工培训的重视程度。

不同的企业，其培训的发展阶段也各不一样，目前，我国大部分企业实行的依旧是构建企业培训体系。这种培训体系操作相对简单：由公司 HR 培训组统筹组织，将一些部门的负责人或出色的管理人员开发成内训师，收集他们能讲的培训课件，然后统一编制出一份公司内训计划，排好每年的培训课程之后，便按每堂培训课的计划时间，给相关受训人员发放培训通知，集中在公司的培训室进行培训。针对一些员工需要，而内部讲师无法提供的课程，往往还会适当请一些培训机构的专业老师来讲授。这类培训体系成本很低，因为主要是内部培训师，很少付费。但操作起来往往效果并不理想，因为培训没有系统性和针对性，只是少数公司管理人员开发的课程，零零散散的，而且这些内训师又不专业，也没什么报酬，所以对于课程讲授往往都是潦草应付一下。

但也有一些成功企业，在培训体系的基础上，不断完善和加大投入，进而兴办起了自己的“企业大学”。企业大学在国内或许还是一个新兴的概念，但在西方国家，其实早就兴起，而且发展得相当成熟。企业大学的概念起源于20世纪中期，早在1961年，麦当劳就筹办了汉堡大学（Hamburger University）。汉堡大学为麦当劳培育出了数以万计的职业经理人，对麦当劳全球化经营贡献卓著。而后，在20世纪80年代，通用电气总裁杰克·韦尔奇强化Crontonville中心的功能，培育出无数高级人才，开创了通用电气的全盛版图，更是为人津津乐道的典范。

紧接着，许多跨国公司也纷纷投入了这股风潮，如IBM全球大学、摩托罗拉大学……都取得了相当不错的成果。在许多西方国家，企业大学的数量甚至已经超越了传统的大学，成为了成人职业教育及终身学习的主流模式。

企业大学与传统大学是两个不同的概念。传统的大学教育体系偏向于理论化，与公司的实际操作脱节。许多大学生毕业后，公司都要花费近一年的时间去培养他，这样才可能胜任工作。正是高校培养出来的人才不合胃口，于是公司才想自己量身打造所需的人才，而不再是将此任务完全交给传统的大学。因此为公司培养人才，是企业大学当仁不让的最初使命。发展到现在，公司大学已经悄然“变身”——它远远超越培训本身，而被赋予了更多的内涵。它已成了公司高层和员工间交流沟通的最佳空间，成了传承公司文化的载体，也成了培养和留住人才的最佳手段。

一般而言，企业大学应该同时承担 3 大功能：①培训，让它成为企业培训员工的理想场所；②变革管理，让它作为企业变革的发起者和主要参与者。③战略思考及探讨，企业大学如同一个企业内部的高端智囊机构，作为战略中心来影响企业的长远战略和发展方向。更重要的是，企业大学应该成为一个企业的学习和知识管理中心。

企业大学作为企业量身打造内部人才的中心，已影响着企业运营管理的方方面面，成为了企业发展的核心载体和实力体现。国内一些高瞻远瞩的大公司正是看到了企业大学的价值，近几年来为建设自己的企业大学而不懈努力，成果非凡。在社会上已颇具知名度的海尔大学始建于 1999 年。创建伊始，海尔集团首席执行官张瑞敏就给海尔大学定了基调：要成为海尔员工思想锻造的熔炉和能力培训的基地，要以 GE 克劳顿学院为榜样，成为中国企业界的“哈佛大学”。

海尔大学总结起来有以下 4 大特点：

①将培训置于整个人力资源体系中。在海尔，培训工作并非孤立的，而是与人力资源管理的其他模块紧密相连，如绩效管理、薪酬结构和职位管理等。员工的培训效果要与他的绩效考评、薪酬和晋升挂钩，这样公司上下就对培训万分重视了。

②培训无处不在。海尔培训的原则是“干什么学什么，缺什么补什么，急用先学，立竿见影”。在该原则的指导下，实战技能培训成为了海尔培训工作的重点，海尔培训没有把精力放在一些虚的理论上，而是把重点放在与员工工作密切相关的实战技能培养上。

③将培训提升为人才发展战略。在传统企业里，员工的晋升只会上，不会下。但在海尔不同，它打破了这一惯例，如果管理者培训考核不合格，一样就会面临降级的危险，而培训考核出色的员工，就会成为晋升的热门人选。“海豚式升迁”是海尔培训的一大特色。无论是普通员工还是高层经理在职位的升迁上都要能上能下。

④广泛的师资网络。在内部，建立了内部培训师师资网络。首先对所有可以授课的人员进行教师资格认定，持证上岗。另外海尔还与一些高校和培训机构合作，聘请一些出色的老师做海尔大学的兼职老师。

近些年来，我国其他一些成功企业踊跃跟进，纷纷成立了自己的企业大学，截至2012年底，国内企业开办的企业大学已从2008年的242所增至1186所。此外，全国每年新增企业大学200多所，其数量预计在2019年将超越传统大学。比较有代表性的有：华为大学、春兰学院、LG商学院、伊利商学院、美的学院等。为了把华为打造成一个学习型组织，华为于2005年在深圳正式注册了华为大学，总占地面积27.5万平米，分为教学区和生活住宿区，其中教学区占地面积15.5万平方米，规模可以与创办多年的传统大学相媲美。

新员工入职前，需要带薪培训三个月。进入华为大学后，先要编班级，教学管理团队由班主任、教官和思想导师组成。教官负责纪律和军事训练，思想导师则是老专家，主要负责课程安排及与学生交流。在这种全封闭、半军事化的训练中，文化课程占了一半，如以客户为中心、集体奋斗、责任感与敬业精神、服从组织规则等。其余的是工作基本常识，如质量、信息安全、办公软件等，当然最重要的，还有关于华为现状以及通信专业技术知识。

从华为大学毕业后，学员们就要开始分流了，他们有的去到华为在国内的各个基地，也有的去到海外子公司。华为大学是华为发展战略的重要组成部分，它不仅是公司内部培养人才的基地，还超越这一职能成为公司变革的推手，以及外部公司（包括顾客、供应商、合作伙伴等）培训和咨询服务不可缺少的支柱。在这个飞速发展的知识经济时代，人才是公司可持续发展的发动机，为员工求学“买单”有助于建立自己稳定的人才队伍，是公司对未来的投资。公司应该结合公司自身实际，建造适合自己的企业大学，因为企业大学必然是21世纪企业培训的主流方式，也是公司运营人才的最好平台。

7. 企业的“新宠”：网络商学院

企业大学固然是企业量身定做式地培养内部人才的理想模式，能全方位地培训员工工作思维、心态和综合技能，能比较系统地学习到人才资源管理、生产管理、财务管理等实战型专业知识。而且企业也能通过企业大学把企业的管理理念、方法有效地贯彻到员工思想和行动中，把他们彻底同化成具有浓厚本公司色彩的内部人才，如我们常听到的海尔人、华为人等，都被深深地打上了公司的烙印。

但目前对于我国多数企业，尤其是中小型企业来说，企业大学还是一件奢侈品，并不是每家企业都能建立起来的。因为企业大学的创建需要有巨额投资，光校园基础设施，如教学楼、教学设备等硬件设施投入往往就数以亿计。另外就是企业大学的师资队伍开发，要求打造一支强大的、系统化的教学队伍，必须由一批专家型管理人员，深入公司进行管理调研，把企业的管理理念、方法、各部门的职业技能操作、正反案例等提炼整理成课件，才能打造成一个高效的学习平台。但一般的中小企业是没有那么多高端、专业培训师的，由此也很难把企业大学运作起来。

然而，并不是实力不够就不能构建企业大学，如果是实体的，的确颇有难度。但有一种虚拟化的企业大学，是每个企业都能建得起来的，那就是网络商学院。网络商学院是利用现代IT技术，借助互联网和企业局域网帮助个人和企业建立的一个虚拟的E－Training学习的网络培训平台。企业可以通过网络商学院开发的视频课程和培训管理体系，对员工的在线学习和网下培训进行管理、学习跟踪和考核。还可以上传更新培训课程视频，下载培训教材、管理工具等。企业网络商学院可以运作成一个完善的学习资源平台、学习管理平台和企业知识管理平台。

在IT技术和互联网高度发达的时代，网络商学院的出现迎合了企业培训发展的需要。网络商学院的创建主要有两种方式，一种是企业自己创建，即自己开发一套网络学习系统软件，将企业内部讲师的培训课程上传到网络学习软件系统中，创建出企业的培训课程库，然后就可以组织员工学习；另一种就是购买专业培训公司的网络商学院学习系统。目前，国内一些大型培训公司，如上海时代光华、广州聚成等都建立了自己的网络商学院学习系统，成功将公司旗下数千位合作培训讲师，如曾仕强、余世维等培训课程视频，分门别类地存储在网络学习系统中，往往分为战略管理学院、人力资源管理学院、财务管理学院、生产管理学院、营销管理学院等近十个子学院，每个子学院中又汇集了同类专业培训师的经典培训课程。

而作为其他企业，只需每年支付少量的平台使用费，就可以购买到平台的使用权，如同购买 ERP 管理软件一样。由这些培训公司提供网络商学院学习系统的账号和密码，便可以登录使用。

企业网络商学院构建之后，就可以灵活地组织开展企业的培训与学习工作，最主要的就是由 HR 组织企业各职能部门精选出各模块的经典培训视频课程，编制企业的年度培训计划，便可按计划组织公司员工，在内部培训室内通过投影仪来播放培训视频，进行集中学习和讨论；这样，企业员工就可以系统地学到外界专业老师的技能培训课程。同时，针对员工的个人兴趣问题，还可以组织员工自主学习，让员工登录网络商学院的学习系统，自主地选择自己想学的课程，可以自由安排时间进行学习。

此外，网络商学院还可以进一步开发成员工知识共享的平台，企业及员工可以将内部人员的培训视频、一些好的工作方法及理念上传到企业网络商学院的系统之中，以便于员工间相互学习、下载，形成一个好的知识资源共享平台。对于一般性企业来说，在自身企业内部培训体系的基础上，再引进专业培训公司的网络商学院学习平台，基本上能满足企业的人才培训需求。

SHIJIE J.P. MORGAN CHASE &
埃克森美
EXXON
500QIANG
巴西国家石油公司
日立 HITACHI
FORD MOTOR
Apple(苹果)
美国快捷药方控股公司
法国巴黎银行
SIEMENS
BMW
摩根大通 J.P. MORGAN CHASE &
康德乐
法国电力公司
三星电子SAMSUNG ELECTRONICS

THE WORLD'S
top 500 director of human resources management notes

第六章

绩效管理：一切用业绩说话

有些企业的HR之所以停留在事务性管理的层面上，主要在于没能把绩效管理推动起来，不能追踪到每个员工的业绩表现，导致企业的战略性人力资源管理机制运作不起来，从而让企业的管理工作处在原始状态。管理到位的公司，往往都是从绩效管理做起，在此基础上构建出一套完美的人力资源管理机制，从而把人力资源全盘激活。

1. 企业乱象丛生的根源

许多老板都有一种感触：公司刚创办时，往往管理起来非常轻松，因为业务少，人员简单，精明的老板可以一个人看管过来，各项工作也有条不紊地推进。然而，当企业发展到一定规模，尤其是变成一种集团公司之后，老板会越来越觉得力不从心。公司内部乱糟糟一片，老板的主要工作就是开会、开会，再开会，每天要花大量精力去处理一些琐碎的事。

许多中小型企业往往都有一个通病：会多。曾在一家软件公司工作时，老板每天至少要开两次会议，有时会议还会接二连三地开，召集这个部门商讨问题，吵闹几个小时结束后，又接着召集下一个部门开会，每次似乎都有讨论不完的问题。而如果把每次的会议记录拿出来一对比，会发现许多问题是重复出现的，即当老板发现公司存在某个问题，忍受不了后便召集相关部门来开会，反复讨论，寻找原因和对策，把任务布置下去后，问题短期内会收敛一点，可过阵子，老板不太关注的时候，问题又重复出现了。

我在深圳某矿业集团公司工作时，老板的会更多，而且更长。有一次，老板带着我们到东莞某子公司进行现场管理突击检查，老板到公司四处一转之后，便收集了一堆问题。然后召集各部门负责人召开紧急会议，先让各部门经理汇报工作情况，并自检问题，然后让其他部门经理轮流对该部门的工作提问题，发表看法，就像酒桌上敬酒一样，每个人要打一圈。之后再把该部门的问题，结合老板自己看到的，提炼出来，再由大家来分析原因，商讨对策，一个部门要讨论一两个小时以上。那天从下午两点开始，会议一直持续到凌晨三点多才结束，到深夜时，每个人都疲惫不堪，甚至脑筋都转不动了，只有老板一个人精神抖擞，越开越起劲。会议结束之后，其实明天一切又照旧。

为什么公司规模一大起来，管理就会陷入乱象丛生？其实，问题往往源自企业采用的是人治的管理模式，老板在创业之初，往往采用家长制管理，公司的大大小小事务都按照自己的理念来运作，而且也能运转得井井有条。而等公司发展壮大之后，公司人数和业务都已经翻倍式增长，甚至变成中小型集团公司。这时，公司的发展往往会陷入瓶颈之中，原因是公司的管理跟不上去，因为有的公司依然沿用的是老板的家长式集权管理方式，用的是“人治”，即人管人，公司的工作没有什么固有的流程和标准，好坏都由老板说了算，老板关注哪里，那大家的目光就聚焦哪里。

毕竟，老板一个人的精力是有限的，不可能监管到每个部门、每个员工的工作情况，而公司管理层在这种家长式的管理模式下，手中没有管理权限，也不太愿意管，只做到一种传话筒的作用，把管理责任完全推给老板。最后的结果就是老板什么事都要管，却许多事又管理不起来，每天焦头烂额的，导致企业乱象丛生。

那位矿业集团公司的总裁，年龄刚过五旬，便满头白发，原因自然是操劳过多，管得过细。记得有一次，总裁曾感叹地跟我谈了一次话："别人都说我管得太细，杆子插得太深，其实我也不想管那么多，谁都想清闲点，但我不去管，你看那些事又有谁去管呢？别人出了问题可以拍屁股走人，我还得面对这个烂摊子！"

在深圳某知名软件公司工作时，总裁年过七旬，还要每天操劳公司的一切大小事务，常常一个人加班到深夜。每次，我们劝他清闲一下，他都摇头说："这么大一个摊子，什么事都要我来，怎么清闲得下来！"有一次，他在办公室把门一关，跟我谈了次心，感叹地说："小王，我创办这家公司近二十年，至今没有一个人向我提过一条建议，你觉得正常吗？"我一时无语。

当然，我也明白总裁的苦心，但这种人治的管理模式，就算你能力再强，精力再旺盛，也管不过来，就像三国演义中，作为古代智慧化身的诸葛亮，最后不得不累死在五丈原。其实，公司管理不是靠人治，人管人是管不起来的，最好的管理模式是把每个员工的主观能动性调动起来，让员工自己管好自己。

2. 绩效真的考不起来吗？

管理最好的方式就是让员工自己管理自己，如何让员工自觉地把自己管起来，最好的方式就是推行绩效管理，用以追踪每个员工的工作表现。绩效管理是近些年来企业界比较热门的一种管理方式，旨在通过一系列指标来考核员工的工作表现，由此可以准确地指导每个员工的能力和工作业绩。

绩效管理，前些年从西方国家引进来的时候，曾被众多企业当成解决管理乱象，提升执行力的救命草。然后，从近些年企业间的绩效管理推行情况来看，百分之八九十的企业推行绩效管理是失败的，那套员工业绩评估机制成了一种摆设。为什么绩效管理在西方国家能成功推行起来，而在中国企业就严重变了味呢？其实，这跟一个国家的民族文化和人的思维方式有关。

记得著名培训大师曾仕强教授在谈起中西方人的思维差异时，有比较清楚的解释："日本人是一分法，即没有对错之分，日本员工主要听从上司的指令，而且是绝对服从，所以日本员工是最好管理的；欧美人是二分法，即有对错之分，只要是法律和制度规定，则能完全依照执行，完全以法律和制度的规定为准绳，符合规定的就能有效执行；而中国人是三分法，即除了有制度规定之外，中国人还善于变通，在执行过程中，能参合自己的主观因素。"

为了解释中西方人的思维差别，曾仕强教授列举了一个生动的例子：一支军队沿着一条马路前进，如果前面有一个坑，过不去。如果是日本军人，只要指挥官的口令不停，日本人就会一如前往地前行，哪怕大家都掉进坑里；如果是美国军人，部队则会停下来，于是指挥官责问为什么停下来，士兵会解释说前面有一个坑，无法前进；而如果是中国军人，往往的做法是指挥官的口令不停，士兵的脚步也随着口令“一二一，一二一”地动起来，但只是原地踏步，其实这是一种高明的处事手段，指挥官口令没停，士兵的脚步也随着动起来，而不会违背指挥官的命令，但为什么不前进，因为前面有一个坑，这就是变通。

为什么一些制度、管理模式一到中国就往往会变味，就是因为中国人善于变通，往往就是制度规定是一套，员工做的是另一套。因为我们中国人的思想受儒家思想影响非常重，注重人际关系，以和为贵，在做事过程中，经常掺杂一些个人的感情因素，而让制度执行起来便了味儿。

大家知道，公司往往都会建立一套套的管理制度，然后，制度往往都是以文件的方式摆放在那里，员工做事还是按照自己的主观意识，只要不出问题，制度就形同虚设。而一旦出了问题，就会把制度搬出来作为处理问题的依据，而且针对不同的人，同一个制度处理的结果完全不一样。

举个简单例子：在某公司里，一位姓张的副总经理，有一位侄女在公司从事行政文员工作。有一天，公司开完会后，由小张去整理会议室，在收拾投影仪时，不小心把价值上万元的投影仪摔在了地上，把它摔坏了。当时，大家都惊呆了，张副总经理把办公室主任叫进会议室，当着大家的面严厉地说：“要严肃处理！”

作为办公室主任，该如何去处理这件事情呢？如果是一般员工打坏投影仪了，很可能就直接是照价赔偿或者开除处理。但小张是公司副总的侄女，如果完全按照制度执行，很可能会严重得罪副总，自然自己以后也吃不了兜着走。于是，办公室主任把公司管理制度翻出来，翻出一些条例规定作为参考依据，思前想后，得出这样一个处理意见：扣发小张一个月奖金，并让其写深刻检讨，在内部会议上通报批评。所谓一个月奖金，也就两三百块钱，所谓内部会议上通报深刻检讨、通报批评，看起来很“严肃”，其实不过是走个形式而已。当办公室主任去向副总汇报处理结果时，张副总严肃地问了一句：“是不是还不够重？”办公室主任马上接过话来说：“已经非常重了，再说，公司管理制度上也有规定：故意损坏公司办公物品，须照价赔偿。但小张不是故意的，当时就哭成了泪人，也做了深刻检讨，已经达到处理效果了。”之后，张副总见到办公室主任后，每次都是和颜悦色。

这就是中国式管理，看起来很完善的制度，一旦执行起来，就往往会掺杂大家的感情因素，而让制度变了味。所以，许多公司在推行绩效管理过程中，不管是让领导评分，还是让员工相互评分，都会掺杂“面子”或感情因素，导致员工的绩效结果与现实情况严重背离，也就让绩效管理失去了原有的意义！

3. 绩效是领导“打分”出来的吗?

绩效管理为什么在许多企业里很难推行起来？除了跟我们民族文化与思维方式的差异性有关外，更重要的原因在于企业绩效评价的方式出了问题。大部分公司的员工绩效，采用的是领导打分的方式，即公司设定一些通用化的评价指标，如工作能力、工作业绩、工作态度、学习能力、员工关系等。每一个指标的分值分成五个等级，如优秀（10 分）、良好（8 分）、一般（6 分）、差（4 分）、极差（2 分），每月由部门领导针对员工的工作表现，针对每一项评价指标，打出相应的评价分数，然后再把各指标得分汇总成该员工的绩效总分。

这种领导打分的绩效评价方式，看起来似乎也是在按程序要求，根据员工的工作表现进行打分评价。其实，这是一种似是而非的绩效考核方式，无法追踪到员工的真实工作业绩，如果公司采用这种绩效考核方式，最终只会让绩效管理流于形式而已，甚至还会引发不少管理问题。

领导打分的绩效考核，操作起来看似简单、方便，但背后却问题重重。一是根本无法追踪到员工的真实业绩。绩效考核原本是考核员工的工作业绩情况，因此，评价指标应该针对于员工的具体工作，根据员工的每项工作来确定量化指标。而领导打分的评价方式往往是采用一种通用型绩效考核表，所以评价指标也只能是一些泛泛而谈的定性指标，如工作能力、工作成果、工作态度等。这些指标无法用具体数据来衡量，也没有具体工作数据来支撑，凭借的完全是领导的主观判断。

二是容易引发潜规则。员工的工作绩效完全由部门领导来打分，那么领导手中就拥有了一根大棒。这样一来，跟领导关系不错的员工，工作好坏无关紧要，只要领导印象好，那评价分值就一定会很高。相反，一旦让领导有看法，就算员工工作再努力，分数也高不到哪里去。最后的结果就是：员工都在为了讨好领导而做些表面文章，就形成了严重的圈子文化。

三是绩效考核结果无法运用。绩效管理要成功运作起来，必须跟员工的升职、薪水挂钩，否则就失去了约束力和意义。绩效管理的本意就通过员工业绩的监管，来认可员工的工作，并给予相应的业绩奖励，来激发员工努力工作。领导打分的绩效考核方式，是不能准确反映员工的工作情况的，如果把结果跟薪水、升职挂钩起来，就会引起员工间的内讧，因为这样会出现一些灰色现象：工作业绩并不怎么样的人，可能还拿高工资，工作卖力的员工可能还被打压，最后往往会形成一种不健康的办公室文化。

有时也可能出现这种情况，部门领导为了笼络部门员工，结果都给员工打高分，以增加员工的绩效工资，这又是老板所不愿意接受的。所以，由于领导打分的绩效评价方式不可能做到公平公正，也不能追踪到员工的真实工作业绩，只好将绩效评估与公司奖罚脱钩，而一脱钩了，绩效管理就真的成了形式主义，没有一点约束力，只好名存实亡了。

深圳某港资集团公司，自 2005 年开始推行绩效管理，刚开始时风风火火，以为捡到救命草一样，从此打破固定工资制，不用再吃平均主义大锅饭了。人力资源部门专门成立了一个绩效管理小组，去设计评价指标。由于绩效管理专员并不了解每个部门员工的工作内容，评价只好选择一些通用性的指标：工作态度、学习能力、沟通能力、抗压能力、员工关系、工作及时性、工作有效性、工作饱和度、忠诚度、团队精神，共十个指标。由于指标无法定量测量，于是只能用分值等级的方式进行简单量化，每个指标分值为 10 分，分五个等级，整体分值共 100 分。公司规定：80 分为达标分数。

接下来由各部门经理负责评估，经理级的由公司总经理负责评估。并把评估结果与工资挂钩起来，建立绩效工作制。按公司规定：经理级人员，工资的 50% 进行浮动；主管级人员，工资的 40% 进行浮动；普通员工，工资的 30% 进行浮动。而绩效工资的核算方式是：绩效工资 = 工资浮动数 * 绩效评分/80；例如，一个普通员工，月薪 3000 元，如果当月的业绩评分为 70 分，则其绩效工资 = 3000 * 30% * 70/80；也就是说，如果绩效评分低于 80 分的标准分，那么员工的工资就下降了，反之就会上升。

这套机制表面上看起来合理，但操作起来就便了味，实施不到半年就导致许多员工意见很大，这样一来，绩效管理不但起不到激励作用，反而成了员工关系恶化的根源，每个月投诉到人力资源部的电话和信件多如牛毛。被迫无奈，公司取消绩效与工资挂钩，只提供参考作用。于是员工绩效评估就由每月一次改成一年两次：年中一次，年末一次。每次上司拿着评估表随意打评一下，交上去后便杳无音讯了，公司的绩效管理就这样名存实亡了。

4. 一切用业绩说话

不少公司都推行过绩效管理，但以失败而告终的占了绝大多数，以致许多企业老板都对绩效管理打了一个大问号，绩效考核到底能不能考？答案是肯定的，企业界做得好的公司，无不是绩效管理实施得很到位。像把管理做到极致的海尔公司，它那一套享誉国内外的海尔管理模式，其核心就是绩效管理。绩效管理是企业人力资源管理的基石，只有把绩效管理做起来，准确追踪到每个员工的工作表现，那么，其他高端人力资源管理机制才能有效运作起来，如薪酬机制、晋升机制、培训机制、人才运营机制等。

那么，绩效考核到底该如何考？其实很简单，一切用业绩说话。只有追踪到每个员工的具体工作业绩，才能反映出他的真实工作表现，这样的考核结果才是有价值的。所以，好的绩效管理往往都是以具体的量化指标为考核标准。用业绩说话，采用的其实是一种结果导向型绩效管理，其操作方法就是，先对每个员工进行工作分析，找出他的主要工作，然后再针对每项工作，设定具体的评价指标进行量化评估，这一指标便成了该员工工作的目标或标准。然后将员工的工作结果与这一明确的标准相比较，进而评估出员工的工作成绩，这样才会对员工的工作产生约束力。结果导向型绩效考评方法是客观评估员工工作成果、能力和潜质的一种有效管理方法，也是最能调动员工工作热情，实现人力资源自动化的有效途径。管理规范的公司，其背后往往都在于结果导向型绩效管理的成功推行。

结果导向型考评方法非常多，企业应用面比较广且比较有效的方法主要有目标管理法和直接指标法等。各种考评方法形式各样，但原理相同：都是以员工的具体工作结果作为考核依据。在此，我结合自己在集团公司推行绩效管理的经验，将结果导向型绩效考评方法实际应用的研究结果，阐述如下：

目标管理法：目标管理强调的是公司先建立一个总的目标，然后分解到各部门，形成部门目标。最后由部门再细分到每一位员工，形成员工个人目标，如此从上到下层层分解，从下到上层层保证，从而建立一个完整的目标管理体系。每个部门乃至每个员工都有自己的工作目标，作为部门和员工工作成果的考评标准。

制定出员工个人目标及评价指标后，每位员工都会在自己的职责范围内，为实现个人目标而努力。因为个人目标的达成与否是与他的升职、加薪直接挂钩，评价指标也是基于个人目标来设计的，都是非常具有针对性的量化指标；比如考评一个招聘专员每月的工作目标达成情况，是通过他每月负责待招岗位的招聘达成率来评估的。完成了目标就有绩效工资，超额完成了还有奖金，而未达标的将会面临惩罚。这样绩效评估就与员工实际工作紧密结合起来了。

我在深圳正威国际集团推行绩效管理时，采用的就是目标管理法。该公司主要生产电线和插头。2012 年公司销售收入 2.5 亿元，年底时公司高层规划：2013 年的销售收入将高达 6.5 亿元，预计增长 160%。公司总目标定下来后，公司便组织各部门负责人进行目标分解，其中市场部总经理先将目标分解到各销售片区，即：华南区销售目标：3.5 亿，华东区销售目标 1.7 亿，海外市场部销售目标 0.5 亿，新并购的一家子公司销售目标 0.8 亿。并针对每个片区进行月度销售目标分解。对应地，生产部要制定每月的生产目标，由目前电线月产量 500 万条扩增到 1200 万条……每个部门制定好部门目标后，接下来就要制定人力资源部的招聘目标，要完成销售任务，需新增业务总监 3 人，业务经理 5 人，业务员 30 人；生产部需在现有 1350 名普工的基础上，新增普工 2000 人，作为人力资源部的招聘目标。

部门目标制定出来后，就必须把目标分解到部门每一个员工，作为员工个人目标。例如每个业务人员按工资标准设定个人销售目标：业务员月销售目标 50 万元，业务经理月销售目标 150 万元，业务总监月销售目标 500 万元。生产部每个生产车间的生产主管分摊月度生产目标，人力资源部招聘专员分解每月职员及普工招聘目标，作为考核其工作成绩的标准。

直接指标法：即采用可监测、可核算的指标构成若干考评要素，作为对下属的工作表现进行评估的主要依据。如对生产人员和业务人员，可以通过定量指标：产量、坏货率、销售额、利润率、货款回收率等来评估员工的工作成绩。直接指标法简单易行，非常有实效，它采用量化指标，直接跟员工的工作结果挂钩，客观真实，避免了人为因素。但在运用直接指标法时，需要加强企业的基础管理工作，建立健全各种原始记录，建立完备的考评指标数据统计系统，确保统计数据真实、有效。

5. 绩效体系的完美设计

有的企业在设计绩效管理体系时，往往显得比较草率，让HR出台公司的绩效考核制度，即起草一份绩效考核制度文件，规定公司考核的覆盖范围、考核频次以及考核方法等。然后再收集一些资料，编制一套员工的绩效考核表，经过老板同意后，发往公司各部门贯彻执行。这种绩效管理体系往往是漏洞百出，形同虚设。因为HR在制定绩效管理体系时，没有把各部门组织起来，也没有深入去了解各部门、各岗位的工作内容，没有梳理出各岗位的岗位职责。由于HR不能深入了解各岗位的具体工作，也就无法制定有针对性的关键评价指标。最后，HR 不得不采用一些通用性定性评价指标，如工作有效性、工作饱和度等，汇编成一份通用版的员工绩效评价表，发往各部门，让部门负责人照表打分。

这样的绩效考核结果并不能真实反映出员工的工作情况，没有具体的数据或业绩支持，完全取决于部门领导的主观臆断，所以，绩效考核结果是没有什么利用价值的，无法与薪酬、晋升等关联起来。既然无法跟公司的激励措施结合起来，那么，这样的绩效考核结果也成了一种摆设，没有多少实际意义，这样的绩效体系也就失败了。

完美的绩效体系设计是一个严谨的过程，需要公司全体员工的共同参与。成功企业在设计绩效管理体系时，往往是这样操作的：

第一步：成立公司绩效管理建设团队，往往由公司高层召开专题会议，由公司高层，甚至总经理、总裁挂帅担任领导，由 HR 全体员工加上各部门负责人或其指定的代表共同组成一个强大的团队，团队的实际组织者为 HR 负责人。只有这样，才能让各部门高度重视，并积极参与到这项工作中来。

第二步：梳理公司各部门、各岗位的职能和工作职责，深入了解各岗位的工作内容，因为只有把各岗位的工作内容了解清楚，才能制定有针对性的评价指标。梳理各部门员工的岗位职责时，往往采用多种方法，例如访谈法，访谈各部门负责人，让他来介绍部门内各岗位的工作内容；此外就是问卷调查法，由 HR 制定一份岗位说明书样本，再让各部门员工参照样板填写自己的岗位工作内容。这样 HR 就可以在问卷调查和访谈的基础上，再结合公司的要求，梳理出各岗位的工作内容。

第三步：HR 分别与各部门负责人共同针对其部门内各岗位的主要工作职责，提炼出关键评价指标，确定好指标的核算及数据统计方法，汇编成各岗位的绩效评价表。员工的绩效评价表最好设计两种类型，一种是针对员工具体工作业绩的量化评价表，来评价员工的业绩表现；另一种是采用定性指标评价的方式，通过 360 度评价的方式，来综合评估员工的能力、品德等。

第四步：建立一套各员工业绩指标数据的统计系统，传统的方式是采用报表统计，每个员工的指标完成情况，由员工提供支持材料，填写统计表，由部门负责人签字确认。而今由于管理软件的普遍使用，由员工将其工作成果输入软件系统，由部分负责人审核确认后，软件系统会自动核算出每个指标的具体数值，甚至自动核算出每个员工的绩效考核结果值。

第五步：将员工的绩效考核分值与其它奖罚机制结合起来，例如奖金、绩效工资制、薪酬晋级制、人才选拔与晋升机制、任职管理等，这样就能最大限度地利用绩效考核结果来完善公司的管理机制，调动员工的工作热情。

第六步：制定一份完整的公司绩效管理制度，将公司员工业绩的考核范围、考核方法、考核流程和频次、考核结果的应用规范下来，形成一份完美的制度文件，以便在全公司范围内贯彻执行。

公司的绩效考核是一项比较复杂的系统工程，牵涉到各部门各岗位的每一位员工，所以必须在公司管理层的共同推动下，在全体员工的共同参与下，绩效管理体系才能真正建立起来，才能形成一套完美的人力资源管理机制，约束和激励员工，实现公司各项工作的高效执行，实现公司人力资源的自动化。

6. 那些高效的绩效评估方法

企业绩效考核能否有效实施，关键在于是否用对了绩效评估方法。绩效评估方法形式多样，主要归为两大类：一种是定性评估方法，即采用一些通用性评价指标，通过其他人打分的方式，来获得员工的整体评价，这种评价方法往往趋于表象，易于受到评估者情感因素的影响，而导致评价结果失真。这类评估方法操作起来比较简单，但效果并不理想；另一种是定量评价方法，这类绩效评估方法往往属于结果导向型评估方法，即注重员工实际工作的真实结果，对员工工作的内容，通过采用量化的评价指标，建立评估标准，再将各量化指标的实际情况，去与指标的标准要求相对照，来评估员工的现实业绩结果。这类考评方法操作起来相对较为复杂，但往往能反映员工工作的真实情况，其考评结果具有良好的应用价值。结合企业的实际应用情况，以下介绍几种有效的绩效评估方法。

KPI 绩效考核方法：KPI（Key Performance Indicator）也称为关键绩效指标，就是针对每个员工的岗位工作内容，采用一些关键性的业绩评价指标，对员工的一些主要工作进行量化评估，然后将各关键指标的考评结果加权平均之后，就可以得出员工工作的综合表现结果。这类评估方法，往往针对不同工作类型的员工，其考评形式也各不一样，但原理基本上是相通的。

针对生产人员、销售人员、研发人员，由于其工作比较单一，而且容易量化，所以常常采用的是直接指标法，针对员工的主要工作内容，设定一些量化评价指标，针对每个指标，设定公司要求完成的指标数值，然后每月再统计出员工各指标的实际达成率，就可以综合考评出员工的业绩结果。例如，某公司销售人员的月度 KPI 考核表如下所示：

指标名称	分值	考核标准	实际结果	考核得分
销售收入	25	考核期内销售收入达到 50 万元	40 万	40/50 * 25 = 20 分
回款率	20	考核期内货款回收率达到 40%（已回收款额/总合同款额）	50%	50%/40% * 20 = 25 分
销售利润率	20	订单的销售利润率，达到 10%	15%	15%/10% * 20 = 30 分

续表

指标名称	分值	考核标准	实际结果	考核得分
客户增长率	15	达到5%以上，（考核期内新增客户/原公司总客户）	4%	4%/5% * 15 =12分
客户忠诚度	20	客户关系维护，客户流失率5%以下	4%	5%/4% * 20 =25分
月度绩效考核综合得分				112分

这种直接指标法往往结果比较客观公正，员工的考核指标以及考核标准与员工确认后，就可以作为考核员工工作业绩的依据，员工便可以将指标的数值标准作为自己的工作目标，自觉去完成。每月月底时，将员工各指标的完成结果统计出来后，再与指标的考核标准值对照，就可以核算出员工的指标得分，最后汇总成员工绩效的综合得分。

但对于一些职能型管理人员，如行政人员、财务人员、HR人士等，有些工作难以用具体的数值指标来衡量。在考核过程中，需要适度变下形，针对考核指标，建立相应的工作标准，然后再将员工的工作结果与标准对照，来评定员工的业绩综合得分。例如：某公司的财务部会计人员的月度绩效考核表，如下所示：

<table>
<tr><td>职位</td><td></td><td>姓名</td><td colspan="4"></td></tr>
<tr><td>考评月份</td><td></td><td>考核人</td><td colspan="4"></td></tr>
<tr><td rowspan="2">考核项目</td><td colspan="3">评价标准</td><td rowspan="2">评分</td><td rowspan="2">权重</td><td rowspan="2">分值</td></tr>
<tr><td>0－3分</td><td>4－7分</td><td>8－10分</td></tr>
<tr><td>工作质量</td><td>一般能完成工作，质量处于平均水平，错误率2次以上</td><td>能完成任务，工作质量比较好，错误控制在2次以内</td><td>提前完成任务，工作质量突出，无错误</td><td></td><td>0.2</td><td></td></tr>
<tr><td>工作效率</td><td>有时需要催促，效率一般</td><td>工作效率较高</td><td>守时惜时，按时完成任务</td><td></td><td>0.1</td><td></td></tr>
<tr><td>账目管理</td><td>各种账目较清晰，对账目进行核对时，准确率80%以上</td><td>各种账目清晰，准确率90%以上</td><td>账目清晰无误，账物相符无误</td><td></td><td>0.2</td><td></td></tr>
<tr><td>费用管理</td><td>使用按计划执行，但经常性超支</td><td>对公司的资金能做到按计划使用</td><td>有效合理运用资金，为公司赚取更多利益</td><td></td><td>0.2</td><td></td></tr>
</table>

续表

财务报表及时完成率	报表需在上级的督促下完成	能够及时完成报表，出现不及时情况1次以内	各种税务报表均能按时完成，无任何错误		0.1	
财务分析质量	出现遗漏\错误\不规范次数2次以内	基本无出现遗漏\错误\不规范的财务分析	财务分析深入\准确\透彻，能为管理层决策提供依据		0.2	
综合得分						

这种考核方法的操作是：先梳理出员工的各项工作，然后针对一些重要的工作，建立关键评价指标，并对指标根据员工工作的好坏，设定不同的评价标准，配上相应分值后，就可以将员工工作的实际结果与标准相对照，达到哪个标准，就评定相应的分值，最后再加权平均就可以得到员工的综合得分。这种考核方法同样也能做到客观公正，能比较准确地考核出员工的综合业绩得分。

360度打分法：360度评分往往针对的是定性指标而采用的评价方法，有些公司在设定员工的工作表现评估指标时，往往采用的是定性评价指标，如：工作质量、工作态度、敬业精神、结果有效性、工作及时性等。这类指标往往难以用具体的标准来度量，主要在于考评者的一种主观感觉，为了避免个别考评者的主观偏差，于是采用360度全方位评价，即被考核者的上司、下属、同事、本人、以及客户（或与被考核者有工作往来的其他部门同事），各自单独对被考核者进行评价，再把大家的考评结果分值加权平均，就可以得到员工的最后评价结果。

著名的“360度评价”可谓通用电气的一大特色。在公司里，每个员工都要接受上司、部下、同事以及客户的全方位评价。这种评价一般由15个人左右，分5个不同阶段做出。

总之，员工绩效评估的方法多种多样，也各有千秋，但有效的绩效考核方法，追求的都是结果的客观公正，只要能真实地评价出员工的最终业绩表现，就能有效地达到绩效考核的目的，这样的考核结果才能进一步运用于员工管理工作之中。

7. 绩效结果的妙用之处

许多公司的管理不到位，原因就在于绩效管理的不到位，不能准确追踪到每个员工的工作表现，也就不能有针对性地对员工采取差异化激励措施，由此，就无法把企业的人力资源有效运营起来。绩效考核是企业人力资源管理的核心，只要把员工的绩效考核成功实施起来，其他一些重要的人力资源管理机制才能有效运作起来，企业的人力资源管理才能从传统的人事管理跨越到战略性人力资源管理的层面。一般来说，绩效考核往往有以下妙用之处：

建立绩效工资制：不少企业实行固定工资制，往往是因为不能评估到员工的真实业绩，无法根据员工的现实表现来调整其工资，从而难以发挥出薪酬对员工的约束与激励作用。由于缺乏有效的绩效考核，无法对员工的工作结果进行考核评估，导致员工的工作得不到追踪和认可，员工做多做少一个样，做与不做一个样，因为工作结果与薪酬是完全脱钩的。反过来，一旦绩效管理成功实施起来了，那么，员工绩效工资制的建立也就成了水到渠成的事了。绩效工资往往是在员工基本工资的基础上，拿出一定比例的工资金额作为绩效工资的基数，再结合员工的绩效考核结果，就可以建立起绩效工资制，让员工的工资浮动起来。

在深圳某矿业集团公司工作时，其绩效工资制是这样操作的：公司规定，主管级及其以下员工的基本工资按30%的比例进行浮动，经理级按基本工资的40%进行浮动，总监及以上高管按基本工资的50%进行浮动。每个员工绩效考核的指标分值，满分均为100分，但有些业务部门的实际分值可以超过100分，公司给员工定的绩效达标分为80分，即员工的实际绩效分值如果低于80分，则绩效工资就会减少，反之就会增加。

例如，一位会计的基本工资为4500元，如果当月的绩效考核分数不理想，只达到70分，则其绩效工资为4500 * 30% * 70/80 = 1312.5元，当月少拿了187.5元；反之，如果当月的绩效考核结果达到90分，则其绩效工资为1687.5元，当月就多拿了187.5元。员工的级别越高，工资浮动的比例就越大，对员工的刺激作用就越强。

建立员工工资晋级制：在传统企业里，员工的工资涨得很慢，原因主要是公司不知道该为哪类员工涨工资，结果为了保持平衡，对员工涨工资时，只得采用阳光普照的方式，要么全部一起涨，要么大家都不涨。而如果普涨工资，成本是相当大的，所以，企业对员工涨工资方面往往卡得非常紧。而如果公司把绩效考核成功推动起来，那么员工工资的晋级问题就能得到有效解决了。在绩效考核的基础上，再结合宽带薪酬制，就能建立完美的员工工资晋级制。

深圳某矿业集团公司的员工工资晋级制，是这样操作的：在公司的宽带式薪酬体系中，每一职位等级内员工的工资往往都按照一定的工资级差，分成十个等级。例如专员级员工的工资3000元起，按照200元的工资级差，其工资范围为：3000、3200元……在公司的年终绩效考核中，员工的绩效考核结果分为四个等级：90分以上为A级，80~90为B级，70~80为C级，70以下为D级。

与此同时，公司还规定：年终绩效考核中，结果为A的优秀员工，第二年起，工资上调2个等级，B级员工上调1个等级，C 级员工要两年才能上调 1 级，D 级员工不上调。例如，某会计工资为 3200 元，如果年终时的绩效考核结果为 A，则次年其工资就上调为 3600 元。由于 A 类员工很少，B 类次之，C 类和 D 类比较多，所以公司的工资晋级既能向优秀人才倾斜，又能控制工资的上浮成本，更能给大家一个透明的公平平台，刺激员工努力工作。

建立人才晋升机制：公司的绩效考核，如同一个赛马平台，通过对各层级员工的业绩评估，可以把每一层级员工的能力及业绩区分出来。如同赛马一样，公司 HR 可以很直观地把各层级优秀员工筛选出来，组成公司的关键人才库。一旦公司出现一些重要岗位空缺，就可以从公司关键人才库中，优先将这一岗位领域内的优秀人才晋升起来。所以，在许多公司里，一旦进了公司的关键性人才库，就等于进入了晋升的快车道。

当然，员工绩效考核的结果用处还非常多，例如海尔公司推行的“三工转换”，根据员工的业绩考核结果，分为优秀员工、合格员工和试用员工，分别享受不同的三工待遇（包括工龄补贴、工种补贴、分房加分等），而且这三重身份是可以不断转换的，优秀的员工如果不再努力，下个月就可能变成了合格员工，甚至试用员工，如果一个员工连续三个月被评为试用员工，则“试用期”一到期，员工就被自动解聘了。“今天工作不努力，明天努力找工作”正是这一用人机制的真实写照。

SHIJIE 500QIANG

J.P. MORGAN CHASE &

埃克森美 EXXON

巴西国家石油公司

日立 HITACHI

FORD MOTOR

Apple(苹果)

美国快捷药方控股公司

法国巴黎银行

SIEMENS

BMW

摩根大通 J.P. MORGAN CHASE &

康德乐

法国电力公司

三星电子SAMSUNG ELECTRONICS

THE WORLD'S top 500 director of human resources management notes

第七章

薪酬设计：钱，要给到位

在当今时代，薪酬依然是企业首要的激励手段，也是员工最为关注的。不同的企业，有不同的薪酬管理水平，不少企业采用的依然是低薪的固定工资制，没有任何吸引力，由此也成了企业人才外流的首因；而成功的企业，会大力构建出一个完美的薪酬体系，通过结构化工资、宽带薪酬，甚至股权激励等战略性薪酬计划，来牢牢地吸引住人才。

1. 薪酬，依旧是首席激励手段

马云谈到员工离职的原因时，把它归结成两点：“1. 钱，没给到位；2. 心，委屈了。这些归根到底就一条：干得不爽！员工临走还时，还费尽心思找靠谱的理由，就是为给你留面子，不想说穿你的管理有多烂，他对你已经失望透顶。仔细想想，真是人性本善。作为管理者定要乐于反省。”

马云这番话说到点子上了。的确，在当今企业里，薪酬依旧是激励员工的首要手段。根据自己的 HR 从业经历，我发现 80% 的员工跳槽的原因就是薪酬。员工在企业里工作，无非就是图两点：一是钱，二就是前途。所以在企业里，员工最开心的两件事就是升职和加薪，也是为了这些而奋斗不休。

钱是显而易见的，也是员工最热衷的，因为中国公司比较现实，缺乏凝聚力和归属感，其他的都是虚的，唯有薪酬才是工作最实在的回报。尤其是当前生活压力大，具有竞争力的薪酬自然就成了求职者的首选目标。大家可能注意到，求职者都梦寐以求地加入高薪的高科技企业或外资公司中去，这些公司网罗了大量的人才，而一些效益差，待遇低的公司，往往很难招到人才。

在这方面，我深有感触：在某集团公司从事 HR 工作时，有一次去深圳会展中心参加一次金领人才招聘会，去招聘一些中高端人才。当时靠近我们公司展位的是另一家大型上市公司，对方给出的经理级年薪在 20 万以上，总监及以上高管的年薪在 40 万以上。整整比我们公司高出一倍多，结果出现了一幕：我们这家公司的展台前门可罗雀，而挨着我们展位的那家大型上市公司，展位前排了四五条长队，求职者络绎不绝。

钱如果给不到位，不但招不到人才，也留不住人才。薪资达不到员工的心理预期，那么，员工的心就很难安稳起来，就会不断向外寻找发展机会。曾看过这样一件有趣的事：某公司安排一位招聘专员到人才市场上去开展招聘工作，结果人没招进来，她竟在招聘现场跟临近一家公司的招聘负责人聊天时，被那家公司相中，然后以较高的薪资直接把人挖走了。连招聘人员都对公司不忠诚，让企业老板着实懊恼了一番。

其实，在薪资不高的企业里，这是一种常见的现象。人才大多有一种“骑驴找马”的心理，没有马的时候，就先骑头驴，等找到马之后，就把驴扔了。以前在企业做 HR 时，时常要在一些大型招聘网站，如中国人才热线、前程无忧等，去搜索人才求职简历，却常常能看到本公司的员工，偷偷把简历挂在招聘网站上。不少员工如果薪资达不到预期，往往就会边上班，边把简历挂在网上，或者直接投递求职简历，一旦面试成功，便立马向公司提交辞呈。

以前在某大型集团公司做 HR 时，虽然公司给员工的薪资待遇不算低，但总裁还是担心员工，尤其是一些中高端人才对公司不忠诚。于是便让我以猎头公司的名义，向公司一些重要岗位的同事发一份邮件，大致内容是这样的：我们是一家猎头公司，目前正受托一些大型上市公司招聘高端人才，年薪40万以上，如果您有意向，请回复我们，并附上您的一份简历。结果我的私人邮箱里收到了不少重量级员工的简历。转给总裁过目后，总裁一言不发。

当然，最让我尴尬的一件事，就是早年间在深圳某大型公司负责HR工作时，有一次放十一长假，假期已经结束好几天了，结果有一位采购主管迟迟未回来上班，电话也关机了，一下子杳无音讯，这事把不少相关部门的负责人惊得不知所措。因为公司有两方面担心：一是怕他在外出事了，这得严重牵连到公司；二是他负责了公司多种原材料的采购工作，如果再不能返岗，那势必影响到公司的正常生产。当时，我们都在商讨对策，甚至提出报警，但采购部的经理却说了一句："在外面出事是不可能的，但回不回公司就不知道了。"果然，第三天，他给采购部负责人发了条短信："老大！实在不好意思，如果不这样做，担心离不开公司，所以我自离了！"

一家大型集团公司的采购部主管，竟然做工作做到自离了，让我震惊不已。后来，跟采购部负责人聊天时才知道，该员工其实已经向他提出辞职两三次了，因为一个主管的工资才三千出头，还不如一个刚毕业的本科生的工资。但每次辞职，都被经理以各种理由拦下来了，并通过请吃饭这种私人感情因素，来挽留对方。结果终究挽留不住，一位公司培养了多年的采购主管，竟然自离而去，工资都不要了。

这件事在公司影响很大，像导火线一样。为了稳住人心，总裁不得不召开管理层会议，商讨普调工资的事。结果我做了一份市场薪资调查与分析，发现公司各岗位的工资标准，普遍比市场平均水平低 20% ~50% 。当我在会议上把这一调查结果讲出来之后，大家都很震惊。结果在各部门经理的共同推动下，总裁不得不做出决定，员工工资普涨 30% ，一下跟市场上拉平了，那一刻，公司全体员工欢呼雀跃！

2. 成本与工资，其实是反比关系

为什么许多公司会把工资压得这么低？根本原因就是老板往往都是把工资看成成本，而且认为是公司运营成本中最大的成本模块之一。由此，不少企业的老板往往认为要降低成本，就必须压低工资。尤其是劳动密集型企业，员工众多，每个员工的工资涨一个小数，对于公司来说，就是一个大数了。

像华为这种公司，员工超过 18 万人，每人工资涨 100 元，公司每月就要多支出 1800 多万；像富士康这种超级“航空母舰”，员工将近 100 万人，每人涨 100 元工资，那每月工资成本就要上涨一个亿。所以，在企业里，工资往往是一个敏感话题，老板不会主动给员工加工资，人力资源部也不会轻易向老板提出普涨工资，而员工又有一种“从众心理”，没有谁会带头向老板提出涨工资的要求，而老板也往往揣着明白装糊涂。

大家不提出来，甚至不闹出事来，就认为当前的工资水平是大家普遍能接受的，自然就不会给员工普涨工资。

许多公司在设计员工薪酬时，并不去了解市场的行情，而在那里闭门造车。薪酬制度建立后，许多年来一成不变。这类公司的人力资源部每个月就是按照老方法计算工资，把它们发放的员工手中，如同买卖关系一样，员工给公司做了事，公司付给他一份工钱，而不去管这份报酬是否让对方认可和满意，也不去考察公司的薪酬水平是否在同行业中存在差距，薪酬制度是否已经落伍。公司在招聘人才时候，也是按公司现有水平去招，结果根本钓不到鱼，内部人才也因禁不住外面的诱惑而频频跳槽。

在许多中小型企业里，员工往往只有三种情况下会涨工资，一是两到三年内普调一次工资，幅度往往在 5% ~10% 的样子，目的是为了应对通货膨胀等造成影响；二是员工升职的时候，公司会随职务的上升而适当上浮；三是针对老板认可的关键性人才，一旦准备离职的时候，老板往往会偷偷给他加下工资，以挽留这个人才。

前两年，深圳某电子科技公司的一位产品开发项目经理，忽然有一天向人事部提出辞职申请，这事很快让公司老板知道了，于是赶紧把那位项目经理请进总裁办公室，询问离职原因。项目经理是一位二十六七岁的小伙子，在公司工作三年，由普通技术员一步步升成了产品项目经理，工资也由入职时的 3000 元，上涨到了 5000 元。那位项目经理给出的辞职理由是：女朋友嫌他工资低，买不起房结不了婚，女方提出分手，所以心情不好，想换个工资高点的企业挽救一下。结果，老板听了二话没说，偷偷给他加了 2000 元，那位项目经理也就愉快地留了下来。

其实，公司的工资成本与员工的工资水平并不成正比关系，而更可能是一种反比关系。也就是说：公司工资水平低，工资成本可能反而会高；相反，员工工资水平高，工资成本可能还比较低。这个逻辑表面看起来似乎有矛盾，其实不然。公司的工资成本是受多方面因素影响的，员工的工资水平只是一方面，更重要的是企业的员工人数和工作效率。

工资水平比较低的企业，往往都会导致两种后果，员工人数会非常多，而且工作效率低下，结果反而让总的工资成本居高不下。因为这类企业工资水平压得很低，往往只能招收一些能力、素质相对较低的员工，每个员工只做岗位职责内的几项简单工作，而且工作缺乏热情，磨洋工的居多，结果导致冗员相当多。相反，如果员工的工资水平比较高，员工就会很珍惜现有的工作，往往工作会相当投入，一个人身兼多岗，工作饱和度和工作热情相当高，这样就可以大量缩减人员，导致公司整体工资成本下降。

举个简单例子：在深圳某港资企业工作时，该公司实行的是低工资制，普通职员的工资在 2500 元左右，大多招收的是一些中专、高中水平的职员。结果，光人事部就配备了 30 余名工作人员，而且还只能做些事务性的人事工作。而在另一家大型上市公司工作时，公司实行的是高薪制，普通专员的工资在4500元左右，但整个人力资源部只配备了6名员工，却把公司的人力资源管理工作做得井井有条，而人资部的工资成本还不到那家港资企业的一半。

所以说，把员工工资压得很低，公司的工资成本未必就会低，反而会陷入低工资、低效率、多冗员的陷阱，如果再算上人员流失成本、高额的管理成本，以及员工效率损失所造成的机会成本，那低工资所带到的成本会高得多。相反，如果把工资提到员工预期的水平，那么，公司的工资水平就有市场竞争力了，就可以招到高素质、高技能、高忠诚度的专业人才，就可以实施团队化管理，大幅缩减冗员，反而让公司的工资成本大幅下降。

有位公司总经理深谙此道，他把自己的管理心得总结成一句话："员工的工资、福利只能往上走，公司的管理成本只能往下走。"这句话颇有道理。的确，企业的成本控制不能依赖于降低员工的工资水平，否则就把员工推向了公司的对立面，真正需要控制的是企业的管理成本，这样才能促使公司整体成本持续下降。

3. 工资，要靠讨价还价吗？

在企业招聘面试过程中，最尴尬的环节往往就是谈工资。

正常情况下，工资应该归人资部管，但人资部又没有一个给付工资的标准和依据，对不同部门招聘的不同人才，也不好判断出到底该给对方付多少钱的工资。于是，许多企业干脆把工资的谈定工作交付给用人部，在用人部门进行复试的时候，跟面试合格者谈定最终的工资。而用人部门也没有一个给付工资的标准，于是在与面试者商定工资时，就会上演一幕比较搞笑的场面：讨价还价。

操作起来往往是这样的：用人部门负责人往往会先摸下底，问问对方在上家公司的工资是多少，然后在面试快结束的时候，再问求职者如果来公司上班，期望的工资待遇大概多少。如果对方报的工资跟公司当前的工资水平偏差很大，便说上一句“好的，我知道了，你先回去等通知，有消息我第一时间通知你。”用一句虚话把对方打发了；如果求职者提出的工资跟公司当前工资水平比较接近，就开始讨价还价了，在对方工资要求的基础上压低一个数，如果对方接受，就这样成交了。

有一次，某公司招聘一位财务经理，要求条件不低：本科以上学历，财务管理类专业，拥有中级以上会计师职称，八年以上的财务工作经验，同时担任同等职务 3 年以上。结果公司面试了三十多人，要么就是能力达不到老板的期望，要么就是薪资要求与公司的工资水平有较大的偏差。该公司的经理工资一般在 7000 元左右，如果对方提出的薪资要求超过 1 万，老板就搪塞一句，让他直接走人。后来经过近 5 个月的搜寻，终于面试到一个合意者，老板觉得他能胜任工作，而且工资也与公司当前水平比较接近，于是尴尬的一幕就出现了。老板问对方薪资待遇要求，对方回答说："我希望您公司能给到 7500 元。"老板问了一句："能少一点吗?"对方回答说："最少 7000 元。"老板接着拉长了声音说："7000 元是没问题的，但我还没看到你的表现，这样吧，适用期给你 6500 元。如果表现满意，适用期之后再把工资加到 7000。"对方默然接受了，老板愉快地当场让他办理入职手续。

这种场景在许多公司都会出现，有的公司在招聘人才时，就像在市场上买卖东西一样，讨价还价，把求职者的薪水压到一个较低的水平。于是老板压用人部门经理的工资，经理又压部门员工的工资。其实，如果公司的工资靠讨价还价的方式确定出来，那将会带来诸多管理问题。一是讨价还价的结果一般会把工资压到员工心理期望之下，员工虽然可能会勉强答应，但他对当前的公司并不会满意，很可能只是当成一个跳板，等找到合适的工作机会，就会毫不犹豫地跳槽。二是同等员工，给出的工资往往并不一样，不同的部门，会给出不同的工资；同一类岗位的员工，也会给出不同的工资，因为用人部门在给付工资时，都是根据求职者提出的工资要求的基础上，再适度往下压一点。比如说，公司招一个专员，如果求职者提出的薪资要求是 3500 元，那么公司最后给付的往往是 3200 元左右；如果另一个人提出的是 4000 元，那最后得到的可能是 3700 元。这样的结果就是员工的工资给得不统一，不公平。正因为如此，许多公司的工资是不能曝光的，只能采用密薪制，以免让员工心理不平衡。而密薪制只是一种自欺欺人的方法，因为员工私下一交流，都知道双方的工资，只是把不满憋在心里而已。三是这种给付工资的方法往往很难招到优秀人才，因为优秀人才的薪资要求往往都比较高，会高出当前公司工资水平的一大截，如果按高工资招聘进来，老板会害怕打破公司的薪资平衡，最后的结果就是：公司只能招聘一些普通员工，不敢引进高端人才。

其实，一些管理到位的公司，薪资绝不是靠讨价还价定下来的，也不是用人部门各自谈定的，而是人力资源部依据公司的薪资表，根据求职者的实际情况直接把工资套出来，这样才能做到真正的统一、规范，也能把公司的工资情况透明化，让薪资制度发挥出应有的激励功能和管理功能。

4. 这才是完美的“薪酬体系”

薪酬体系是企业人力资源管理的核心模块，也是员工广泛关注的焦点。一般来说，薪资体系管理规范的公司，往往其他管理工作也会井井有条；而薪资体系混乱的企业，往往管理会变得一塌糊涂。因为，连薪水都给不公平，给不到位的企业，员工必然怨声载道，企业内部必然问题重重、乱象丛生，员工也会心怀不满，丧失工作热情。

谈起薪酬体系，可以说，每一家公司都有一套自己的薪酬体系，完不完美，适不适用只有企业自己知道。当前企业里，沿用最多的依然是固定工资制。即员工的工资主要取决于入职时跟公司谈定的工资数额。每个员工入职前，公司都会跟员工讨价还价地谈定一个金额数，作为员工的月薪标准，除非员工升职加薪或者公司普调工资，否则这个数字很难改变。每月员工的薪酬计算，是根据员工的工资标准和当月出勤天数来核算。例如，某专员的月薪标准是3000元，当月出勤20天，那他该月的月薪就很容易核算出来：用月薪标准除以每月的标准工作天数，核算出该员工的每天工资标准，再乘以当月实际出勤天数，就可以得出该员工的实际工资。

固定工资制看起来操作简单，但使用起来却问题重重：首先是薪酬不规范、不公平、不透明。因为同一类型岗位的员工，在面试过程中可能定出不同的工资，而且每人一个工资标准，没有规律性，也没有依据，不便于管理，也无法公开，于是只能采用不能见光的“密薪制”；二是员工只能拿固定工资，很难激发起工作热情。

那企业该如何设计完美的薪酬体系？最有效的就是采用结构化工资和宽带式薪酬。所谓结构化工资，就是把员工的工资分解成若干个工资子模块，最常见的就是：工资＝基本工资＋技能工资＋管理津贴＋学历工资＋工龄工资＋各类补贴＋特殊人才津贴。每个工资模块再设立相应的给付标准，并且把技能工资根据员工的技能情况，拆分成若干等级，构建出“宽带式薪酬”，这样就可以建立起一套科学、完整、规范的完美薪资体系。

深圳某世界500强企业采用的就是“结构化工资+宽带式薪酬”体系。在结构化工资中，员工的基本工资完全依据员工的岗位等级，同一岗位等级的员工，给付的是同等的岗位工资，例如文员级基本工资为1700元，专员级为2000元，主管级为2500元，经理级为3500元，依次类推，岗位级别越高，基本工资就越高。

技能工资根据员工的技能差异，按照一定的工资级差分成十个等级，例如经理级的技能工资，按照500元的工资级差分成：2500元、3000元、3500元……7000元，即经理级员工的工资，最低2500元起步，最高7000元。员工在该岗位上工作满两年就自动升一级。

管理津贴是针对从事管理工作人员的一种补贴，岗位级别越高，管理津贴就越高：主管级500元，经理级1000元，总监级1500元，副总级2000元，总经理及以上3000元。

学历工资是为了鼓励那些拥有高学历及专业职称的员工而给付的工资：硕士400元，博士600元；初级职称100元，中级职称200元，高级职称300元。

工龄工资是为了奖励那些在公司服务一年以上的员工：经理级以下员工，在公司工作满一年，月薪增加30元；经理级以上员工增加50元；工龄越长，累积的工龄工资就越高。

各类补贴主要包括员工的交通补贴，每月200元，话费补贴 100 元，午餐补贴 250 元等。

特殊人才津贴是为了引进那些高端人才，当其工资要求超过公司工资水平时，从人才津贴中支付的特殊工资报酬，一般是 1000 元到 5000 元不等。

这样把工资细分后，就可以构建出公司的薪酬体系，并制定出一份规范的公司薪酬体系表，建立起公司的宽带式薪酬体系。

某公司宽带薪酬表（部分样表）

岗位等级	基本工资	管理津贴	技能工资	级差	工资总额
经理级	3500	1000	7000	500	11500
			6500		11000
			6000		10500
			5500		10000
			5000		9500
			4500		9000
			4000		8500
			3500		8000
			3000		7500
			2500		7000
主管级	2500	500	4700	300	7700
			4400		7400
			4100		7100
			3800		6800

续表

岗位等级	基本工资	管理津贴	技能工资	级差	工资总额
			3500		6500
			3200		6200
			2900		5900
			2600		5600
			2300		5300
			2000		5000
岗位等级	基本工资	管理津贴	技能工资	级差	工资总额
专员级	2000	0	2800	200	4800
			2600		4600
			2400		4400
			2200		4200
			2000		4000
			1800		3800
			1600		3600
			1400		3400
			1200		3200
			1000		3000

结构化工资和宽带式薪酬体系建立起来之后，就能将员工的工资便捷、有序地管理起来。在人才招聘的时候，HR 完全可以根据求职者的现实情况，根据公司的宽带薪酬表，确定出他的岗位工资标准，再附加上员工的学历工资、各种补贴等，

就可以核算出员工的月薪收入。例如某招聘某财务经理，在同等岗位上已工作两年，硕士学历，中级会计师。那么就很容易依据公司的宽带薪酬表，核定出他的岗位工资标准：基本工资3500元+管理津贴1000元+技能工资3000元（工作满两年，技能工资上升一级）=7500元。再加上学历工资600元（400元+200元），各种补贴550元，那么他的每月薪资总收入就能达到8650元。工资给付得一目了然，不必讨价还价，而且工资非常规范、富有依据，也可以光明正大的公开。

另外，宽带式薪酬还能解决员工的升职加薪问题。在传统的薪资体系中，员工往往只有升职时，公司才给予加薪，于是员工为了升职而相互挤兑。而在宽带式薪酬中，员工升职可以加薪，不升职也可以正常加薪，因为在公司的宽带薪酬中，往往有这样的规定，如果员工当年的绩效评估为良好以上，则技能工资自动上升1级；如果员工连续两年为合格，则技能工资自动升1级。如果员工升职了，则他的薪酬自动跳到上一等级的宽带薪酬中去。例如，某主管当前的工资标准为7400元，今年晋升为经理，则他的工资自动跳到经理级宽带薪酬中，与其技能工资等级最近的这一工资等级，且取上不取下，这样，他的工资就升成了9000元。

宽带薪酬作为一种新型的薪酬结构设计方式，它是对传统的、带有大量等级层次的垂直型薪酬结构的一种革新或替代。“宽带薪酬”目前在国外非常流行，它的做法是：将原来十几甚至二十几、三十几个薪酬等级压缩成几个级别，同时将每一个薪酬级别所对应的薪酬浮动范围拉大，从而形成一种新的薪酬管理系统及操作流程。

IBM 公司是最早采用“宽带薪酬”的公司之一，在 20 世纪 90 年代之前，公司的薪酬等级一共有 24 个，后来被合并为 10 个大范围的等级。在这种薪酬体系设计中，员工不再是沿着公司中唯一的薪酬等级层次垂直往上走。取而代之的是，员工在自己职业生涯的大部分甚至所有时间里，可能都只是处于同一个薪酬宽带之中。员工在公司中的流动是横向的，随着能力的提高，他们将承担越来越多重要的责任，只要在原有的岗位上不断改善自己的绩效，就能获得更高的薪酬。即使是被安排到低层次的岗位上工作，也一样有机会获得很高的报酬，甚至超越自己的上司。

当今公司竞争已经演化成人才的竞争，而人才竞争一个重要筹码就是薪资。许多公司在采取了宽带薪酬设计之后发现：宽带薪酬可以最大限度地减少公司内耗，调动员工的积极性。薪酬浮动幅度加大后，激励作用就大为加强。这种薪酬模式突破了行政职务与薪酬的传统挂钩，有利于员工职业发展管理的改善。

5. 让薪酬随业绩起舞

有的企业认为，只要实行高薪，就能对人才起到很好的激励作用。其实不然，高薪是激励人才的一个基础条件，只有薪水达到一定高度，才能对人才产生吸引力，但并不是给了员工高薪，就能有效激励员工。薪酬，其实是一个非常敏感的话题，如果要往上涨，那是很容易；而要往下降，那是相当困难的。如果公司采用的是固定工资制，员工就会对工资习以为常，只有再给员工涨工资时，员工的热情才能激发起来，但这种热度是持续不了多久了，员工的兴奋度消失后，那种激励作用也就弱化了。如果公司持续给员工涨工资，又会陷入高工资陷阱：员工工资居高不下，形成非常庞大的管理成本。

要让薪酬产生持久的激励作用，必须在高工资的基础上，再与员工的业绩挂钩起来，让薪酬随业绩起舞。只有这种薪酬方式，才能把员工的工作热情调动起来，因为只有创造出高业绩，才能获得高工资。

让薪酬与员工业绩关联的方式有很多。

薪酬向关键性人才倾斜。许多公司不敢把工资的差异性扩大化，希望让员工的薪酬做到一碗水端平，其实这是错误的薪酬理念。原本员工间的能力和业绩差异性很大，如果员工间的薪酬差距拉不开的话，就很可能导致两种现象：一是员工的薪酬普遍很低，因为普通员工的工资往往比较低，再让优秀人才的工资向普通员工看齐，那最后就是员工的工资普遍较低。

曾看过这样一个案例：某公司招聘一位生产经理，提得要求比较高，要求管理类专业，本科以上学历，从事生产管理工作 8 年以上，其中同等职位工作 3 年以上，具有丰富的生产运作管理经验。接着，公司按照这个标准面试了几十位求职者，其中遇到一位各方面都很匹配的候选人，再谈薪酬待遇时，就出现了尴尬的一幕。公司问求职者："你期望的待遇多少?"对方回答说："9000 吧。"公司又问："能不能少?"对方回答说："不能低于 8500 元!"。其实这个薪酬在市场上属于一般性的薪酬水平。结果公司又说："不是我们给不起这个工资，而是怕引起大家的不满。这样吧，我们给你 7500 元，这是我们公司目前经理级的最高工资水平了。"求职者听完便扬长而去了。

另一种不良好现象就是会导致优秀人才流失。让优秀人才的工资趋近于普通员工的水平，那肯定是留不住人才的。普通员工可以接受这个工资水平，因为是跟他比较匹配的；而优秀人才的薪资空间非常大，如果只给予这个薪资待遇水平，无疑是逼迫人才跳槽。成功的企业往往注重让薪酬向优秀人才倾斜，能力越强、级别越高，业绩越出色的人才，薪酬待遇就越高。像华为、海尔等知名企业无不如此。

我在深圳某世界 500 强公司工作时，该公司就是采用薪酬向优秀人才倾斜的政策，公司实施宽带薪酬制，员工的岗位等级越高，薪酬的起点水平就越高。而且对于同一岗位等级的员工，又按员工的技能不同，分成十个工资等级。例如普通员工的工资 3000 元起，按照每等级 200 元的差距，分为十等级，最高工资可达 4800 元；经理级工资 12000 元起，按照每等级 500 元的差距，分为十等级，最高工资可达 16500 元。特殊的优秀人才，公司每月还给予数千元的特殊人才津贴，保证薪酬在公平的基础上，向优秀人才倾斜。

浮动工资制：浮动工资指员工工资随着其工作业绩的大小而上下浮动。工资浮动的基本做法是把员工的基本工资的一部分（或全部）与业绩捆在一起，随着企业经济效益的好坏和员工工作业绩的大小上下浮动。

曾看过这样一个案例：瑞典爱立信电讯公司这样实行浮动工资制，即公司经济效益比预计好，员工就会多拿工资，反之将会少拿工资。依据这一工资制度，雇员的工资分成了三个部分：标准工资、最低固定工资和最高工资。工资浮动部分按照公司和员工的业绩来计算，主要由公司的利润增长率、产品销售情况和所占市场份额的增减决定。

在浮动工资制的基础上，爱立信公司把员工分为 ABC 三组，期中 A 组为 300～400 名公司主要负责人，他们的工资在经济效益好时可增长 50%，效益差时可减少 25%。B 组为 1 万名左右的中高级管理人员，他们的工资在经济效益好时可增长 30%，效益差时可减少 15%。C 组为大约 10 万名广大的普通员工，他们的工资在效益好时可增加 20%，效益差时减少 10%。

以属于第二组的一名管理人员为例，他的月工资即标准工资为 3 万克朗，其工资浮动情况如下：如果他的工作成绩属正常，就拿标准工资 3 万克朗；如果他的工作成绩比正常情况差，工资就减少 15%，拿 2.55 克朗；如果他的工作成绩优异，达到最高目标，工资就增长 30%，拿 3.9 万克朗。

让薪酬与员工的业绩挂钩起来，这是对人才能力和业绩的肯定。优秀人才只有拿到与他能力和业绩相匹配的工资，才能起到激励人才的作用。另一方面，公司也必须让员工的工资与起每月的业绩情况关联起来，推行浮动工资制，业绩出色就多拿钱，业绩差就少拿钱。这样才能对员工产生一种激励和约束作用，薪酬的激励功能才能发挥出来。

6. 制定战略性薪酬计划

工资激励是薪酬激励中最基础的一部分，一个规范的薪资系统，如结构化工资、宽带薪酬、绩效工资制等。虽然做到薪酬的公平公正能发挥出工资激励的最大功效，但它依然停留在工资层面。对普通员工来说颇有激励作用，但对于高端人才而言，企业的薪酬只停留在工资层面是不够的，因为工资激励是短暂的，员工的工资再怎么完善，那也只是一个月的工资而已，而不能让员工的财富大幅增值。由此，对于关键性人才，企业必须制定战略性薪酬计划，唯有战略性薪酬，才能吸引和激励关键性人才。一些成功企业，往往会在正常工资之外，采用以下薪酬方式来激励人才。

年薪制：一提到年薪，想必大家都会想到是高薪，因为在企业里，普通员工往往获得的只是月薪，而对于一些高管，或关键性人才，企业支付的常常是年薪。在深圳某大型集团公司工作时，老板给财务总监的年薪是 40 万，营销总监的年薪是 60 万，总经理的年薪更是高达 100 万。年薪制是以年度为单位，依据企业的经营业绩情况，确定并支付经营者年薪的分配方式。一般由基本年薪和风险年薪两部分组成。采用年薪制有两大好处，一是工资总量以年度计算，而且工资水平往往比较高，所以年薪总量往往比较大，让人一听就颇有诱惑感；二是年薪分两部分发放，其中的基本年薪往往分解成月薪发放，而风险年薪则在年底或次年年初时，根据企业的经营业绩以及员工的年度绩效考核结果来发放。

例如深圳某集团公司规定，经理级员工的月薪按年薪的 70% 发放，总监级员工的月薪按年薪的 60% 发放，副总及以上按 50% 发放。对于一个年薪 60 万的营销总监来说，基本年薪就是 36 万，每月的月薪就是 3 万；而风险年薪就是 24 万，这部分是根据公司的经营业绩以及员工的年度绩效表现来定，它是浮动的，所以具有一定的风险性。员工最后拿到的风险年薪往往等于：风险年薪基数 * 企业销售额增长率 * 员工年度绩效总分/标准分。假如当年企业的销售额增长 120%，员工绩效得分为 90 分，公司标准分为 80 分，则该营销总监最后拿到的风险年薪就是：24 * 120% * 90/80 = 32. 4 万，由此他该年的总年薪就拿到了 68. 8 万；反之，如果企业经营业绩下滑，或者年度绩效考核结果不理想，那风险年薪就会被打“折扣”。因此，年薪制对于关键性人才来说，是非常具有激励性的。

松下公司一贯注重员工的工作成果和个人能力。从1998年起，松下公司对1万名左右的课长以上的管理职位实行完全全年薪制，年薪标准是按年度通过与上司面谈来确定的。一年后则对员工的工作业绩进行评价，并结合公司的效益情况，确定一个双方都能够接受的下一年度的薪金标准。公司这样做的目的，就是让那些努力在工作中实现自我价值，并取得实际业绩的人获得丰厚的报酬，从而最大限度地调动员工的工作积极性和创造性。

年终奖：一般来说，企业年终时所获得的净利润，会被股东们根据各自股份的大小分红分掉；但也有些企业会从公司年度净利润中提取一部分作为奖励，反馈给员工，这就是年终奖。年终奖是企业对员工过去一年业绩的肯定，也体现了企业人性化的一面。年终奖的发放数量和形式由企业自行决定。好的年终奖可以产生强大的外溢效应，使员工感受得到这种激励所带来的温暖。这种人性化的激励方式直指人心，以情动人，以心感人，是一种与员工分享成功的有效途径。目前，国内一些大型公司也在挖掘“年终奖”的激励与聚才功能，像海尔、联想、中兴通讯、华为和富士康的大型公司，都有一套独特的“年终奖”发放制度。

在富士康，为了奖励员工一年来的辛勤工作和持续服务，公司设立了年终奖和持续服务奖，作为回报和留住人才的一项有效措施。它的年终奖分为两部分，一部分是“年终奖”，相当于一个月的基本工资，这一奖励是在春节前发放，作为对员工过去一年的努力工作的一种奖励；另一部分是“持续服务奖”，它相当于员工4－6个月的工资，这部分奖金安排在端午节前后发放，以鼓励员工继续为公司服务。富士康这一策略收到了非常好的效果，一方面奖励额度比较大，颇具吸引力；另一方面，当年底拿完年终奖后，又不得不跟公司续签合同，因为还有一笔丰厚的持续服务奖在端午节前后发放，最后被公司牢牢套住了。

年终奖的发放方式多种多样，“年末双薪制”是最普遍的年终奖发放形式之一，大多数公司，特别是外企更青睐于在年终奖的问题上，运用这种直接了断的处理方法，即按员工平时月收入的数额，在年底加发一个至数个月的工资。比如英特尔的一般员工年终就是加发2－4个月的薪金，而朗讯高级员工的年终奖就有可能达到近6个月的工资水平。

7. 用股权激励拴住人才的心

高工资制、宽带式薪酬、年薪制、年终奖固然是激励人才的有效薪酬方式，但对人才诱惑性最大的，我认为还是股权激励。因为不管是年薪制还是年终奖，都是一种短暂行为，在公司工作就享有，一旦离开，这一切就都消失了。而且这些薪酬方式依然无法改变员工的身份，哪怕是公司高管，在别人看来也不过是一个高级打工仔而已。但股权激励不同，它是企业将一定比例的股份送给或者卖给内部员工，而让他们享有公司股权。一旦员工获得了公司股权，他的职业生涯将会发生根本性的转变。

转变之一：摘掉了打工仔的帽子，成为了公司的股东之一。在公司拥有股权，不管多少，只要拥有了，就顺理成章地成为了公司股东之一，就与公司融为了一体，利益同存，生死与共。而不像以往那样，只是一个打工仔而已，与公司完全割裂开来。员工持股计划可以大大增强员工的主人翁意识，激发他们的热情和增强他们的归属感。

位居世界500强前列的美国国际商用机器公司，其董事长兼首席执行官格斯特纳认为“持有股票是激活员工积极性的最好杠杆。我希望国际商用机器公司的大量员工都持有股票。这样就可以促使他们对企业有一个总体的考虑，他们将会考虑整个公司应该怎样，而不是只考虑自己工作的那个部门该如何做。”这与松下公司总经理森下洋一的想法“要让所有员工都持有松下电器的股份，让他们对公司整体的经营业绩具备更多的敏感意识。”有着异曲同工之妙。其反映出的核心指导思想，就是世界500强普遍奉行的“全员经营”的理念，即公司的所有员工都是经营者，与公司融为共同体。

转变之二：员工持股计划可以让员工参与公司的年底分红。以往公司的利润主要是几个大股东所分享，而推行员工持股计划后，员工也成了公司股东，于是可以依据自己的股份比例，享受公司高额的年度分红，从而让员工获得工资之外的巨大收益。

华为公司内部推行的“工者有其股”的激励机制，就是一个典型的例子。比如，根据华为2010年业绩，每股分红2.98元，如果一个员工持30万股，他将在年底拿到近90万元的分红。这种股权分配在华为内部称为虚拟受限股，任正非的股份占1.42%，剩下的股份由员工持股委员会代持。员工选出的代表进入董事会，掌控企业方向。

目前，华为在内部发行的虚拟受限股约110亿股，每股股票价值5元左右。如果持股员工想要退出，目前华为采取按照企业增值估算的模式，将原有股本和增值部分一起退给员工。这种进退自如的方式获得了员工的认可，同时也为企业发展募集了宝贵资金，而持股员工也在华为的飞速发展里获得了不菲的股权收益。有人统计：从2000年到2010年，短短的10年间，华为公司的虚拟受限股，增值达到了15倍，这就意味着，如果员工当初投入了10万元，那么10年后就激增成了150多万元，摇身一变，成了百万富翁。

转变之三：员工持股计划将会给员工带来一个富有“钱途”的未来。公司的业绩是不断上涨的，当公司规模在不断滚雪球般增大时，员工因占有一部分股权而享有的财富也随之不断增加。尤其是当公司发展到一定规模，甚至成功上市的时候，员工的财富往往会以几十倍的规模翻番。

我在深圳一家公司做行政人事负责人时，有件事让我颇感尴尬。作为部门负责人，我工资比下属要高出一大截，而财富却比他们少得多。例如一个司机来公司较早，结果在公司上市前，他投资 5 万元，按面值 1 元每股的内部价，买了公司 5 万股股票，结果一上市股价就涨到 50 多元，最高到 80 多元，一夜暴富成百万富翁。

员工优先持股计划是实现公司与员工共赢的一条有效途径，把公司一部分股票优先卖给内部员工，将他们的利益与公司的利益捆绑起来，公司效益好，那员工的财富就增加。而一旦拥有公司股票的员工，自然把公司当成了他最大的牵挂。一些公司就是通过优先持股计划的方式，把员工的心牢牢地拴住。

SHIJIE 500QIANG

J.P. MORGAN CHASE &

埃克森美 EXXON

巴西国家石油公司

日立 HITACHI

FORD MOTOR

Apple(苹果)

美国快捷药方控股公司

法国巴黎银行

SIEMENS

BMW

摩根大通 J.P. MORGAN CHASE &

康德乐

法国电力公司

三星电子SAMSUNG ELECTRONICS

THE WORLD'S
top 500 director of human resources management notes

第八章
人才激励：那是要下血本的

人才是要不断激励的，否则，人才的工作热情就无法持久地激发出来。但人才激励，是要下血本的，因为在知识经济时代，员工作为知识型人才，素质高，追求也高，除了高薪之外，人才还追求工作自主、追求价值认同感、追求成长和前途。由此，企业必须从工作环境、管理方式、利益分配和创意福利等多方面构建出一套完美的激励机制，让人才愉悦起来。

1. 激励，从尊重人才开始

为什么许多人反感在家族式企业里工作？最大的原因就是人才得不到应有的尊重。在家族式企业里工作的人，往往都有一种体会：不管你在公司做到什么样的职位，你的说话权远不如老板的一个亲戚。家族式企业往往采用的是家长式管理模式，老板如同一个“土皇帝”，其亲戚们如同“皇亲国戚”，而员工们自然都成了“外臣”了。为什么老板会重用亲戚或家里人？主要原因是老板认为亲戚可靠，而员工作为外人，是不太予以信任的。所以，亲戚的一个主要用途是作为老板的耳目，用以协助老板监视公司的一切。

家族式企业是不会尊重人才的，他们往往只是把人才当成为企业赚钱的工具，没有什么地位可言。在家族式企业里，老板往往是一言九鼎，而且成功之后，老板往往会心态非常高，极力地塑造自己的权威和身份，甚至目空一切。从办公室的布置就可以看出这一切：在许多家族式企业里，员工往往是拥挤在大厅里办公，每人一个卡座，桌上堆满了办公物品和文件；而老板是独立办公室，而且是公司最大，装修最豪华的办公室，往往都在数十平方米以上，里面还分成休息室、会客厅和总裁办公区，装饰得古色古香，来突显自己的身份和地位，员工汇报工作，要在门口请示后方可入内。这样的结果就是员工与老板之间会形成很大的隔阂，让员工深深明白：自己就是在人家企业里讨碗饭吃的打工仔而已。

曾看过这样一个案例：20 世纪 90 年代曾风靡一时的小霸王公司，凭借电子游戏机业务，短短数年时间，产值便做到了数十亿。然而，成功之后，老板便狂妄起来，在一次公司管理层会议上，因为一点小事大骂管理人员，并且当着各部门主管人员的面，甩出了一句话："你们都是我的打工仔！"主管们一个个无语，会议结束后，纷纷向老板提交辞呈，而老板竟然照签不误。有人研究：那次主管人员的集体跳槽事件是小霸王公司由盛转衰，最后走向倒闭的重要原因之一。

在许多家族式企业里，员工就是纯粹的打工仔，也就没有应有的发挥空间。曾听说过这样一个故事：一位硕士加盟某公司后，感到很荣耀，于是工作起来也格外卖力。一年后他写了一本谏言书，兴冲冲地递交到总裁的办公室里。一周过后，总裁把他叫进办公室，却送给的是这么一句话："我建议你立即辞职！多点打工者心态，少点主人翁意识！"这件事当时在公司影响很大。

在家族式企业里，员工往往连最起码的信任和权利都没有，哪怕职位到了一定的级别，也很难自主地开展工作。有这样一个案例：某公司新聘请的人力资源总监，第一天上班，总裁秘书就把他叫进办公室，跟他讲了一句话："有件事我必须告诉你，否则可能对你不公平，其实我是老板娘的亲姐姐。"果然，在往后的人事工作中，摆脱不了那位总裁秘书的影子，她可以插手人力资源部的任何工作，而人力资源总监虽然位置很高，但不好作声。

曾看过这样一个案例：某线缆厂的一位采购经理，有一天向人资经理抱怨工资太低。人资经理笑着回答说："你们采购部又不是靠拿工资过活的。"采购经理听了苦笑说："你以为采购部有油水啊？一分钱都捞不到。"人资经理诧异地问道："你手里掌握了这么多的供应商，空间很大的。"采购经理道出了公司的管理秘密："老板在每个部门里都安排了亲戚，整天像猫一样盯着你，一发现点问题就马上汇报给老板。"

或许，这就是许多家族式企业喜欢起用亲戚的缘故，用来把持那些重要部门，帮老板监督各部门的运作。所以，人才最起码的尊重都没有，完全是个外人，这类公司自然就没有了凝聚力。

《第五代管理》的作者查尔斯·M·萨维奇说过一句妙语："怀疑和不信任是公司真正的成本之源。把人才当成企业纯粹的赚钱工具，看成一种简单的雇佣关系，把人才当成外人地防范起来；而工作中又希望员工以老板的心态来对待工作，这本身就是一对矛盾的事。"

激励必须从尊重人才开始，让管理亲和于人。管理者应该与员工心理距离拉近，与员工彼此间在无拘无束的交流中互相激发灵感、热情与信任，这才是未来的用才之道。有位专栏作家跑去英特尔公司参观时，看到当时英特尔的CEO葛鲁夫的格子间与员工的格子间一样大小后，很尖刻地指责葛鲁夫这种做法比较虚伪，葛鲁夫却回答说，"我这样做的理由是不想让权力放大，给员工造成心理压力，以便能更好地与员工进行交流。”高明的管理者很善于打破与员工之间的隔阂，放下心态跟他们站在一起，这样员工工作起来才会心悦诚服，而不是消极应付。

摩托罗拉大学校长 Bill Wiggemhorn 说过一句颇有深意的话：“我们把我们当中的每一个人都看作有见解、对组织有建树和对社会有贡献的一分子。因此，每一个走进摩托罗拉大家庭的人，都会得到应有的礼遇。”的确，摩托罗拉（中国）电子有限公司的每一个分公司和每一座工厂，都不用打卡考勤。另外，无论中国员工、外国员工还是总经理，都在同一个餐厅用餐。此外，公司还通过发布信息的方式，让员工随时了解公司的最新资讯和重大决策，公司每年都要举行的总经理座谈会和所实行的“畅所欲言”制度，让公司高层和所有员工保持直接沟通，所有这些都汇聚成了摩托罗拉的用人理念——“对员工持久不变的尊重”。

尊重人才这句话，绝非只是说说而已，它不但要求公司的管理者从内心深处意识到尊重人才，更要求管理者将其转化为自己的言行举止。只有员工切身感觉到自己被尊重，才能感觉到公司的温暖，才会把心交给公司。

2. 价值认同，才能志同道合

在对待员工的问题上，许多企业把员工看成一种雇佣关系，即员工是企业花钱雇来做事的，员工的任务就是做好岗位工作。至于员工对工作满不满意，有没有价值感和成就感，企业是很少去关心的。企业老板往往只在乎自己的感受，认为员工的一切工作，必须以企业为中心，像一个机器零件一样，在自己的岗位上发挥出良好的功能。而不会去关乎员工的真实感受，不会站在员工的角度上去考虑员工是否适合这份工作，是否真的喜欢这份工作。

在过去，由于员工的整体素质不高，工作的最大动机就是赚钱，只要老板给钱就做事。但在知识经济时代，员工以大多数是本科以上学历的高素质人才，而且都有各自的专业背景。知识型员工相比于“经济人”来说，更注重自身的发展和自我价值的实现。这类员工的眼光较为长远，很关注自己的职业生涯发展，很注重工作的价值认同感。如果认为这项工作对自己的职业生涯非常有帮助，而且能发挥出自己的专业技能和才智，就会对工作抱以很大的兴趣，也会珍惜公司的工作平台，与公司志同道合，共同奋进。反过来，如果感觉当前的工作价值不大，往往就会冷淡对待，把工作当成一个短暂的跳板，随时准备与公司分道扬镳。

我在深圳工作的时候，周末常去成人教育培训机构兼职任教。期间，我认识培训机构一个行政工作人员，主要负责排课、课堂纪律管理等工作。我一直以为他学历不高，因为在深圳这类民营的中小型培训机构里，行政人员一般是中专、高中左右的学历水平。在一次偶然聊天中，我才发现他原来毕业于上海交通大学，而且还是软件工程专业毕业。于是，我问他名校毕业，为什么会在这种培训机构里工作？他也觉得很失意，一直想从事软件开发方面的工作，可一时没找到合适工作，于是就选择进了这家培训机构任职，先将就一下再说。当他得知我在深圳一家大型软件公司任职时，便积极请我给公司代为引荐。出于惜才的缘故，于是，我把他引见给了我的老板，老板一番面谈之后，便欣然录用了他。而后，他在公司发展也是一路顺畅，三年时间里，从软件技术员一路升到项目经理，再到部门经理，月薪比他以前涨了十倍！

当前的员工非常注重价值认同感，只有认可了岗位工作的价值，认为符合了自己的职业发展需要，认为能充分发挥出他的价值，员工才会珍惜这份工作。2006 年，英国社会学者诺费·马克就工作价值感问题，对全英 1700 名雇员的进行了访谈。结果显示：当员工受到重视，并且感受到了自身的价值时，他们就会更加认同自己的公司。调查还显示：24% 的调查者认为自己的工作非常有价值，48% 的人说工作很重要但带不来成就感，10% 的人认为自己的工作毫无价值可言。当问及增加工作价值后，员工的态度是否会转变时，有 55% 的人回答会因为工作价值的增加而报以激情，有 42% 的人回答说工作价值的增加会使他们更加忠诚于公司，还有 32% 的人说他们会更为工作而感到自豪。

朗讯科技（中国）公司的人资总监李剑波先生有段话说得很到位："许多人以为外企激励员工就靠钱，这其实是一种误解。当然，外企的收入是高一些。例如，朗讯在制定薪金时就注意保证公司在吸引、容纳和留住出色人才方面有足够的竞争力。但是，包括朗讯在内的许多外企，激励员工最有效的武器是敬业精神，是对工作成就感的不懈追求。一个公司的士气很高并不一定是老板给员工发了多少钱，而往往是公司授权让每个员工都干他想干的事。”的确如此，对于知识型人才来说，富有价值的工作往往是对他最好的回报。

在摩托罗拉（中国）有限公司还有这样一项制度：每个季度，公司的部门经理都要和他手下的员工进行一次诚恳的交谈。谈话的内容一定包含有以下几项：

（1）您是否拥有一份感觉有价值的工作？

（2）您是否了解胜任本职工作的知识和技能，并且具备它们？

（3）您是否获得了充足的培训机会，以提高您的工作技能？

（4）您是否了解您的职业前途，并且它令您鼓舞？

（5）过去30天来，您是否都获得有助于改善您的工作绩效或达到您的职业前途的中肯的反馈？

（6）您的个人情况、文化传统是否得到正确地对待而不影响您的成功？

这种谈话推心置腹，颇受员工欢迎，对公司了解员工的真实想法也很有帮助。公司尽力为员工创造条件，帮员工找到价值认同感，从而让每一位员工获得源源不断的动力。一份没有意义的工作，就算给予员工再高的工资，对他来说，也不过是在卖自己的时间，唯有让员工从工作中找到了价值，他才会激情澎湃。

记得，英国大物理学家法拉第当年准备放弃自己优厚的待遇而选择进入英国皇家科学院时，有朋友劝阻他说："你为什么要去那个破地方呢？工作环境差，待遇又低，而且工作又非常累。"而法拉第却笑着说："工作就是对我最好的回报，在那里我能更好地寻找到自己的价值。"现在的员工，谁都不想在一个平凡的岗位上，每个月拿着一份固定的工资，默默地浪费自己的一生。他们追求自我价值的实现，希望自己的才智能发挥出来，自己的努力能得到别人的认可，因此公司如果要激励人才，就必须给他提供一个发挥的平台，让他找到价值认同感。

3. 人性化激励往往比物质更有效

人性化管理目前已成为企业界激励人才的一大新潮。人性化管理体现的是人本理念，把员工视为企业最重要的资源，主张一切以人为根本，尊重个人的价值、个性和能力，通过人性化关怀激励人心，激活能量。在具体的管理过程中，企业必须建立起让每一位员工都有机会施展才能的机制和平台，努力营造和谐、愉悦的工作环境，以激发员工的工作热情、想象力和创造力，从而进入个人发展与企业目标完美结合的最佳状态。

在人性化管理出来之前，企业界往往采用的是集权式管理模式，把人看成纯粹的经济人，通过严格的规章管理制度来监管员工的工作。这种高压式管理在许多企业里广为存在，最典型的是严格的上班考勤制度，许多公司往往都会严格规定：每天上班要打四次卡，上午上下班各一次，下午上下班各一次；如果员工迟到，将会面临严格的惩罚。而且员工每次外出，都要填写外出申请，由部门负责人签批后才能出去，并在公司前台填写好外出记录；上班期间，员工往往固定在自己的办公卡座上，在管理人员的严格监管下工作。这种工作氛围往往是非常压抑的。

以前在一家生物制药公司工作时，有一次行政人事总监让我去处理一件事：某位负责公司企业文化建设的硕士员工，由于冒充行政人事总监的签名，多次私自外出，结果被那位总监发现了，于是便要进行严肃处理。在公司里，冒充领导签字是严重违反公司规定的，且那位总监也大为恼火。这件事情让我颇感为难，因为那位硕士是公司重点引进来的，而且工作能力和业绩都相当不错。于是我便与那位硕士沟通了解原因，原来有些机构偶尔会请他外出讲些培训课程，这些事又不便声张，但没有领导的签批，又出不了公司的门，于是只好冒充领导的签字了。这件事原本可大可小，但公司要求严格按照公司的管理制度处理，给予该硕士严重警告，要求做深刻检查，并作为典型向全公司通报，以儆效尤。最后，那位硕士不堪受辱，愤而辞职。

其实，当前的员工文化素质都相当高，往往都注重自己的私人空间，员工在公司上班，并不是把自己的一切都卖给了公司，员工也有员工自己的事，只要不产生严重的冲突就可以了。公司应该给予员工一定的自主空间，在这种环境下，人性化管理才能应运而生。人性化管理体现的是对员工的尊重和关怀，属于一种情感型激励方式，运用得好，往往比物质激励更有效。人性化激励往往可以通过以下方式来进行。

提供愉悦、轻松的工作环境：一个好的工作环境并不在于办公室有多漂亮，有多豪华，而在于公司的工作环境能不能让员工感到放松、舒畅。集权式、高压式的管理模式是扼杀人才创造力和激情的关键因素所在。知识性员工往往是一种价值创造型人才，只有尊重人才，给员工一个相对自主的工作环境，才能激发员工的创造力。

微软公司为每一个程序员都提供了一个独立的办公室，而且保证每间办公室都可凭窗眺望，满目青翠。园区有良好的公共设施，像公共汽车、百货公司、餐厅和酒吧等。园区充满了自由的气氛，员工可以随便着装，不必西装革履。可以无拘无束地到处穿行，可以用电子邮件直接与比尔·盖茨联系与交流。微软园区里表面宁静、祥和的气氛与员工日复一日、年复一年紧张忙碌的工作形成了强烈的对照。

西安高新区有一家叫艾斯普的软件公司，老板是三个海归派人士。公司除了给员工提供舒适的办公环境外，还给员工绝对的自由。为了激发员工的创造性，让他们找到灵感，上班时间员工可以自由走动，喝茶聊天。公司的墙壁都是用特殊材料制成的，像黑板一样，员工们可以自由在墙壁上圈圈画画，在讨论中激发出灵感的火花。在这种自由宽松的环境中，员工感觉不到工作的压力，反而认为工作是一种享受。所以这家公司创办三年来，员工的离职率依然还是零。

弹性工作制：它是指在完成规定的工作任务或固定的工作时间长度的前提下，员工可以灵活地、自主地选择工作的具体时间安排，以代替统一、固定的上下班时间制度。在欧美，超过40%的大公司采用了“弹性工作制”，其中包括施乐公司、惠普公司等著名的大公司。

微软员工执行的是灵活的上下班时间，实施的也是八小时工作制，但微软的员工却经常是早来晚走，有些开发人员就更没有规律了，有的人凌晨四点钟就来上班，有的深夜还在加班。到了夜晚，微软的各幢大楼依旧灯光通明，天天都是不眠之夜。公司虽然允许一部分员工在家里上班，甚至由公司提供电脑，但员工更习惯于在一幢幢办公楼里工作，这里的气氛更令人振奋。所以，微软能成为技术上的巨人。

富有人情味的关怀：人是一种情感动物，是追求情感需求的，当一个人受到富有人情味的关怀时，往往会让员工深受感动，自然也会以无限的热情回报公司。这种人情化的关怀方式非常多，例如员工生日的时候，公司在上班时间给他点上一首生日祝福歌，并送上蛋糕和精美的生日礼品；公司每隔一段时间就让各部门举行一些部门宴会，拉近员工之间的感情。员工上班时，安排一些水果，让员工调节一下心情；每逢过节的时候，便给员工发放过节费和礼品，甚至还会给员工家人送上一份过节礼物。情感式关怀成本非常少，看似一些“小恩小惠”式的措施，却能起到非常大的激励效果。

4. 帮员工打理一下“职业生涯”

在传统管理模式中，企业往往把员工看成纯粹的雇佣关系，把员工的工作看成一种短期行为。所以，大多数企业跟员工签订合同时，往往都是两年左右，如果合适，到期后再续签，否则就会终止雇佣关系。既然是雇佣关系，企业只是短期内让员工从事某个岗位的工作，由此，企业关注的是这几年员工该给公司创造多少效益，而至于员工日后的职业发展、职业前途问题，企业往往鲜有关注。

只关注员工创造的价值，而不关心员工的职业发展，这是一种不太负责任的用人方式，因为工作久了会把人用残。每个人的发展都会受到职业生涯的限制，在一个人的职业生涯中，有三个年龄阶段至关重要。第一个阶段是大学毕业三年，也就是 25 岁左右的时候，这时候选职业很重要，因为职业的选择往往会影响到员工往后的职业发展，这时候最好要根据员工的兴趣、爱好和特长等来确定职业；第二个阶段是 30 岁左右，至少要爬到公司经理级以上的职位，并具有综合的职业技能，往后才有更广阔的职业发展空间；第三个阶段是45岁左右，此刻人基本上已经定了型，如果爬到部门总监级别的职位，然后再往公司副总、总经理级职位迈进，还能延续一段职业生涯，否则员工就开始要走下坡路了。因为再往后，员工就丧失了年龄优势。所以，在员工的不同年龄阶段，要做到相称的职位。

如果一个人过了一个年龄阶段，去应聘一个基层的岗位，就算自己能委屈接受，但用人方未必会聘用他。因为一方面，对方会怀疑他的能力，这么大年龄了，还做这么低层的工作，拿着低层的工资，就会认为他没什么能力；另一方面，用人部门负责人的年龄可能比他低得多，感觉不好相处共事。

我在深圳某矿业集团公司工作时，公司行政部经理急需招聘一名行政主管，于是公司就在网上发布招聘广告。结果有一天，一位四十多岁的人不请自来，跑到公司递交简历，想应聘公司的行政主管的岗位。我一看他的简历：大专学历，参加工作20年，其中有近十年的行政管理工作。从工作经验上看，胜任公司行政主管的工作应该是没问题的，但我猜测公司行政经理未必会用他，因为行政经理刚三十岁出头。于是让人事专员把简历送给了行政经理，果然不出我所料，行政经理把简历退回来，要求把他打发走。事后，我跟行政经理开玩笑说："这个人很有诚意，行政工作经验也比较丰富，为什么不面试他？"行政经理抱怨地说了一句："四十多岁了，还应聘行政主管，都比我大十多岁，以后怎么用他？"

当前，公司管理人员的年龄越来越年轻化，大部分公司的中层管理人员年龄都在30岁左右，主管的年龄在25岁左右，而这些年轻的管理人员的下属也趋于年轻化，所以就更需要关注员工的职业生涯。如果长期把员工局限在一个不合适的岗位上，就会严重制约员工的职业发展。

职业生涯管理在国外企业非常流行，所谓职业生涯管理，是指公司帮助员工制定其职业生涯计划和帮助其职业生涯发展的一系列活动。职业生涯管理是公司为实现每位员工自主开发工作潜能的有效管理方式，它能有效抑制公司与员工在目标整合上的偏差，并避免由此造成的员工工作主动性、积极性等因素的丧失。全球500强中的大部分企业，无不在员工职业管理方面独树一帜。美国微软公司人力资源部制定有“职业阶梯”文件，其中详细列出了不同职务须具备的能力和经验。日本丰田公司实行“事业在于人”的经营理念，形成了独特的“丰田式”职业管理模式。

朗讯中国公司在为其员工提供工作岗位之余，很注重为员工创造施展才能的机会，给员工一个充分发展的空间。在人才管理方面，朗讯公司最引以为自豪的，莫过于它的员工职业生涯规划。针对每一名新进入公司的员工，部门经理都要跟他进行一次深入的长谈，内容主要包括：来到本公司后，你对个人发展有什么打算？一年之内要达到什么目标？三年之内要达到什么目标？为了实现这些目标，除个人努力外，还需要公司提供哪些帮助？所有这些都要形成文字材料存档。在朗讯公司，这已成为一项滚动发展的制度。每到年末，部门经理都要和员工一起对照上年的职业规划进行检查和修订，然后再重新制定下一年度的职业规划。为了使每个员工都能实现自己的职业生涯规划，朗讯中国公司每年投入大量资金用于员工培训，以持续提升员工的知识技能。

现在的员工都很关注自己的未来，如果一份工作只是每天在不断地重复，那是对人才能力的一种弱化，用不了几年人才就荒废了，这也正是人才所忧虑的。公司要留住人才，就要帮他解决后顾之忧，而最好的途径就是帮人才做好职业生涯规划，为他的职业发展铺好一条道路，这样他才会与公司心心相印！

5. 与员工分享企业的“蛋糕”

许多企业往往都会感叹：员工对企业不够忠诚，对待工作不够热心。但很少有企业反思，为什么员工的心热不起来？问题的背后往往就是企业的“蛋糕”是否分配合理。管理学界有一个蛋糕理论：年终时，将企业的收益扣除经营成本，发放完员工的工资，上缴完企业的税收之后，剩下的那部分就是利润，这部分利润也就是企业的“蛋糕”。这块蛋糕如何分配呢？企业流行的做法就是：利润完全归股东所有，股东们按照各自股权的比重来切分这块利润蛋糕。

关于企业利润的创造，有些学者把它归结为企业家才能，认为是企业家才能的价值体现。其实企业家只是提供了一个平台而已，企业的利润主要是员工创造的，如果不能与员工分享企业的蛋糕，就会给员工一种感觉：企业做得再大，赚的钱再多也是老板的，与自己无关。因此，要把员工的热情激励起来，就必须要建立与员工共赢的激励机制，让员工与公司融为一体。

提到惠普公司，大家都会想到一个故事：有人去美国惠普公司的一家工厂参观，见有一位工人在车间作业时，热得满头大汗，便问他："为什么电风扇朝着机械吹而不朝人吹?"这位工人回答说："机械要保持清洁，避免蒙上灰尘而损坏，所以要朝机械吹。"一件小事表明这位员工已经与公司心心相印，人企一体。"你就是公司"，可以说是惠普公司经营哲学最成功、最动人之处。惠普公司有这样的感染力主要归功于它与员工共同分享公司的成功，认为经营中的利益和责任将由惠普人共同分享。惠普公司通过相应的激励机制承认每个员工的成就，反映在一套完整的补偿措施上，即薪水和福利。其中有代表性的就是惠普的退休制度：解决员工的后顾之忧。如果员工到了60岁时退休，除了退休费，还可以拿到一笔丰厚的额外奖金。

成功的企业，往往都注重与员工共赢，注重与员工分享企业的成功。由此，企业的管理理念也正由以往的让股东满意、顾客满意，逐步过渡到让员工满意。而员工只有分享到了企业的发展成果，才会倾心地融入到企业中去，把企业看成能带动自己成功的平台。与员工分享企业蛋糕的方式非常多，比较有代表性的是员工持股计划，但有的公司不愿意牺牲企业太多的股份，所以，往往只给一些高管以及关键性人才一定的股权激励，普通员工很难分享得到。另一种常见的蛋糕分享方式就是企业年终奖，有的企业每年会从利润这块蛋糕中拿出一定比例，以年终奖的方式反馈给员工，作为对员工过去一年努力的回报。而且员工创造的价值越多，企业的利润越大，那员工分享的年终奖就越多。由此，年终奖也是一种与员工分享企业蛋糕的有效方式。当然，除此之外，还有其他类型的分享方式：

联邦快递（FedEx）连续多年被《财富》杂志评选为“100家最优秀雇主”，连续三年被评选为“美国10家最受推崇公司”。为什么联邦快递能获得如此殊荣？主要因为联邦快递在雇主建设方面所获得的巨大成绩，也就是公司所坚持的“员工－服务－利润”的利益分配机制，其内涵就是：如果公司关心自己的员工，他们就能为客户提供高品质的服务，而满意度高的客户能带给公司更多的业务，从而带来效益。这份效益又分享给公司的员工，从而形成了一个循环。这个良性循环的过程，创造了员工、客户和公司之间的三赢局面。联邦快递公司正是在这样的经营理念的指导下，对员工进行管理，使他们热爱自己的工作，为客户提供优质的服务，做到“使命必达”。这也是联邦快递公司之所以能成功地成为世界上最大的国际航空快递公司的主要原因。

员工是公司发展的根基，只有把员工视为企业生命中的一部分，员工才会将公司视为自己生命中的一部分。只有懂得与员工分享共赢，才会把员工的利益与公司的利益紧紧地捆绑在一起，才能真正地留住员工的心，因为他们知道，公司的成功就意味着他们的成功。

6. 从“打工”到“做事业”的转变

在许多企业里，为什么员工不肯卖力？为什么人才要跑路？因为员工缺乏一种满足感和安全感。在许多员工看来，工作做得再好，钱赚得再多，也是老板一个人的，员工再怎么努力也不过是个打工仔而已。而“打工仔”的身份是让许多员工深感压抑的，既然是打工，那么在企业的这份工作就是短暂的，数年过后，等合同期一到，员工或许又得去寻找下一个去处，公司毫无保障而言。而且，如果只是打工，那员工每月只能领着那一份微薄的工资，是很难富有起来的，所以，为了自己的未来，员工不得不私下为自己而忙碌。

但在有的公司里，员工却是另一番精神面貌，能跟公司心心相印。前不久，我去厦门参加一家软件公司举办的产品交流会，为期三天的会议，整个过程该公司的员工对远来的与会者照顾有加，服务做得非常的周到。去那家公司参观时，看到的也是不同的景象：员工生气勃勃，工作氛围十分活跃，而且公司员工奉行“日行一善”的理念，即员工们每天自觉做一件好事，俨然像一个大家庭。于是出于好奇，我跟一名员工聊天时，问了对方一个问题：“为什么你们工作起来，都显得那么快乐？”她回答了一句：“因为我们老板人很好，我们每人都有公司的股份。”这一听，我就明白了，原来他们把工作做成了事业。

许多公司都希望能提升公司的凝聚力，希望员工能以一种“主人翁”的心态去完成工作。老板常常满怀激情，大谈公司的目标与愿景，希望员工与他共同奋进，将公司做大做强。但令老板失望的是，员工往往对此并不热心，每天消极地应付着工作，等待着每个月的工资。记得有位老总因员工的不卖力而感慨：“整个公司就我像只老虎在冲锋，员工都成了猪八戒！”其实，并非员工无能、不卖力，而是公司在注重自己价值的时候，没有考虑到员工的价值。要知道，人都是追逐利益的群体，如果与之利益无关，员工难以产生激情和动力，而一旦把员工的利益与公司的利益统一起来，公司的凝聚力自然就塑造出来了。那如何不花钱，却又能把员工的利益兼顾起来呢？那就是推行员工持股计划，把人才和公司捆绑起来，从而激发他们的工作热情，达到聚才的效果。

员工持股计划（ESOPs），是一种允许公司员工拥有本公司产权的股份制形式。员工可以购买公司部分股票，从而拥有公司的少量股权，这样员工就成了公司所有者中的一员。公司实施员工持股计划的目的不在于筹集资金，而旨在扩大资本所有权，使公司普通员工广泛享有资本，让他们可以同时获得薪水和资本收入，从而增强员工的主人翁意识，激发他们的热情和增强他们的归属感。员工持股计划的操作方式通常是：公司成立一个专门的员工持股信托基金会，并由公司全面担保，贷款认购公司的股票。公司每年按一定比例提取工资总额的一部分，投入员工持股信托基金会，用以偿还贷款。当贷款还清后，该基金会根据员工相应的工资水平或工作贡献的大小，把股票分配到每个员工的“员工持股计划账户”中。当员工离开公司或退休时，可将股票卖给员工持股信托基金会。持股员工拥有收益权和投票权，可以依据所拥有的股份，参与公司重大问题的投票。但员工没有股份转让权和继承权，只有在员工因故离职或退休时，才能将属于自己的那一部分股份按照当时的市场价值转让给本公司其他员工，或由公司收回，从中获得现金收益。

员工持股计划在外资公司比较流行，根据威廉·默塞尔（William M. Mercer）开展的一项研究，到07年为止，在美国350家大公司中，有18%的公司不同程度地为公司员工提供优先购股权，是1993年实施这种政策的公司数量的三倍以上。

几年前，德州仪器公司每年有约15%的工程师跳槽，跑到竞争对手的公司工作，对公司造成了严重损失和威胁。为维持人才队伍的稳定，公司决定对各部门业绩出色者授予优先购股权。这一措施实施后，短短几年间主动离职的工程师的比例下降到5%。正如获得公司优先购股权的一位工程师所说的那样：对我来说，在这个时候要离开德州仪器公司，那将是一个艰难的选择，因为没有任何一家别的公司能够弥补我从优先购股权上获得的尚未兑现的收益。德州仪器公司副总裁迈克·黑姆斯（Mike Hames）说："这是一个喜讯。过去，我们总是在许多像哈利戴这样有经验的员工'马上就要真正创出成绩'时，却痛失人才。给这些人优先购股权不仅仅可以使公司的力量得以稳固，而且，这也是表示你爱他们的一种方式。"

现在，越来越多的公司用向员工提供"优先购股权"的方式留住员工。这一方式的优点是把员工利益更加紧密地和公司利益捆绑在一起，员工将对公司更加"忠心"。对于一些高新技术公司，更是热衷于此。目前国内一些大型上市公司也在探索着实施这一计划，例如中兴通讯和华为。

1997 年 10 月，中兴通讯首次上市发行股票，通过深圳证券交易所上网发行普通股股票 5850 万股，发行价格为每股 6.81 元；与此同时，中兴通讯还向公司员工发行普通股股票 650 万股，面值为每股人民币 1 元。而这 650 万原始股，成为中兴推行员工持股计划的开始。近年来，中兴公司又针对"骨干员工"实行激励制度。而对骨干员工的界定为：三级主任工程师以上技术人员、部长级以上行政领导，以及市场营销等事业部骨干人员。按公司目前 3 万多员工计算，符合激励标准的约在 3000 人左右，也造就了一大批百万富翁。

员工优先持股计划是实现公司与员工共赢的一条有效途径，把公司一部分股票优先地卖给内部员工，将他们的利益与公司的利益捆绑起来，公司效益好，那员工的财富就增加。而一旦拥有公司股票的员工，自然把公司当成了他最大的牵挂。一些公司就是通过优先持股计划的方式，把员工的心牢牢地拴住。

7. 用创意福利感动人才的心

薪酬作为企业的首要激励手段，的确相当重要，但薪酬激励作为一种短暂性的激励方式，有一定的局限性。因为公司给的工资再高，也是短期的，员工上一个月班才有一个月的工资，一旦上了年龄或者出了变故，难以再工作的时候，那么薪酬就顿时归零了。而且，薪酬的背后往往是一种劳动力的交易行为，而难以体现出公司对员工的关怀和尊重。员工背后都有一些潜在需求，都有一些顾虑，这些往往都是薪酬所难以解决的问题。曾看过这样一个寓言故事，让人颇有感触：

有位猎人养了群猎狗为其捕捉兔子，开始时猎狗们都很卖命。而到了后来，猎狗们捉兔子的数量不断在减少，而且越有经验的猎狗，捉兔子的数量下降得越厉害。不解的猎人愤怒地去问猎狗。猎狗说：“主人，我们已经把最好的时间都奉献给了您，但是我们会逐渐老去，等到我们捉不到兔子的时候，您还会给我们骨头吃吗？所以不如现在省些力气延缓衰老啊！”猎人听了一时哑口无言。

为了让猎狗无顾忌地为其卖命捉兔子，猎人分析汇总了所有猎狗捉到兔子的数量与重量，规定如果捉到的兔子超过了一定的数量后，即使捉不到兔子，也可以得到一定数量的骨头。于是，猎狗们的积极性又被调动起来了，捉到的兔子又多起来了。

这一寓言故事反映的也正是猎狗对福利的向往，当猎狗年轻力壮，能捕捉到猎物的时候，自然能得到主人的奖赏，生活无忧；而一旦年老体衰，捕捉不到猎物时，如果没有福利的支撑，它们又将何去何从呢？作为薪酬的一种有效补充，福利的运用往往更能体现出公司温馨的一面。深入人心的福利，比高薪更能有效地激励员工。高薪只是短期内人才市场供求关系的体现，而福利则反映了公司对员工的长期承诺。也正是因为这一点，使众多在公司里追求长期发展的员工，更认同福利而非仅仅是高薪。

福利的主要作用就是体现出公司对员工的关怀，帮员工解决一些后顾之忧，让其安心在企业工作。往往一些薪酬难以解决的问题，通过福利政策的灵活运用，能把问题有效化解，并能感动员工的心。

以前在深圳一家矿业公司工作时，公司并购了位于西部地区某个小县城的一家大型矿业公司。公司并购过来后，一件很头疼的事情就是如何引进人才。因为公司地处西部偏远的小县城里，工作环境并不理想，而且当地人才稀少，对于一些管理人才，尤其是专业技术人才，引进起来非常困难。有一次，我从湖南某矿业公司联系到一位地质技术人员，本科毕业，工作了两三年，具有较好的可塑性。于是在多次沟通和邀请下，该技术员抽空来了一趟公司面试，一番考核之后，公司也比较满意，但接下来谈聘用问题时，对方却提出了一个问题："工资待遇我没有意见，但我工作几年了，一旦以后有了女朋友，要结婚了，难道还要住公司集体宿舍吗？"面对这个问题，公司总经理和我一时懵了，顿时不知道如何作答。

后来把这问题反映给公司总裁，经公司研究决定：为筑巢引凤，公司在厂区内划出一块地皮，建起了一栋人才居住楼，每户80平方米两房一厅的格局，专门供引进的管理类、技术类人才居住，并出台了一项政策：凡引进的人才，在公司工作满十年，就把住房直接送给员工。有了这项福利政策，公司的人才引进工作就变得非常顺利了。

福利的方式非常多，像弹性工作制、带薪休假、培训深造、员工持股计划、自助式福利、健康项目福利等。只要能解决员工切身的问题，或者能体现出公司对员工关怀的一面，这些福利政策就都能起到独特的激励效果。以下将一些有效的、富有创意的福利方式列举如下：

健康项目福利：不少公司都建立了自己的健身中心或运动中心，或者为员工负担参加健康俱乐部的费用。例如贵州汉方集团（生物制药）在这方面做得比较人性化，与外面的体检中心合作，每年由公司出资，统一安排员工去参加全身体检，以帮员工掌握身体的健康情况，同时公司参照外面的健身俱乐部，在公司内部投资建立了一个健身房，除了有多功能跑步机、仰卧起坐板、综合力量训练器等丰富的健身器材外，还增设了一些测量血压、体重等仪器设备；因为现在的员工都比较关心自己的身心健康，不经意间会得上一些脂肪肝、高血压等慢性疾病；有了这些仪器后，员工就会禁不住去量下自己的血压、体重之类的，一旦超标，他们就有压力感，就会强迫自己去锻炼。而公司的口号是：鼓励员工每天锻炼 1 小时。可以是中午休息时间，可以是下班之后，也可以是上班期间，由员工自行安排；因为公司把员工的健康当成了一种投资，只有员工身心健康，他们工作起来才没有心理阴影，才会全力以赴。

单项购房、购车贷款：当前人们都热衷于购车买房，对公司内一些出色人才，公司可以以非常低的利率，提供适量的贷款，用于员工购车买房。例如深圳某集团公司为了留住核心人才，对于一些出色的部门经理、技术研发人员，公司都会提供 30 万以下的购车买房贷款，员工如果在五年内分期还完贷款，则不收利息，如果在公司工作低于五年而辞职，则员工要按 3% 的年利率收取利息，所以对于申请贷款的人才，在公司服务至少五年以上，有效地“捆绑了人才”，而且公司也没有实际花费成本。

建立职业年金计划：职业年金计划，又名为“公司补充养老保险计划”，它指的是由公司自己建立起来的、只向本公司员工提供退休津贴的养老保险计划。实施这一措施的最大优点在于它不像工资那样是即期支付的，而是必须要等到员工退休以后才能够领取。而且它一般对工龄长的员工特别照顾，而那些工作没几年就离开公司的人则无权领取这一养老金。另外，这一项资金是独立于公司业务的，即使公司破产了，员工仍然可以领到养老金。所以，职业年金计划对留住员工意义非凡。

位于圣刘易斯的一家经纪人公司——美国 A. G 爱德华兹公司，参加了 401（k）计划（美国主要的一项职业年金计划）。根据这一计划，公司每年从利润中额外拿出相当于工资 3% 的资金投保。这个拥有 15000 多名员工的公司，至少有 3500 名员工的养老金账户中有着 10 多万美元的存款，将近 200 人超过了 100 万美元。为员工带来温情和利益的同时，也给公司带来了很好的回报：在《财富》杂志所确定的 2007 年度美国最适宜工作的 100 家公司中，A. G 爱德华兹公司名列第 18 位，自愿流失率仅为 1. 4% 。

办公楼里的托儿所：当前，小孩的抚养问题成了困住众多青年员工的一大难题，如果将小孩放在私人托儿所里，不但费用惊人，而且非常的不方便。为此，有的公司就在自己的办公楼或厂区里，专门腾出一些房间，用以兴办公司内部的托儿所。这样，员工上班可以带上孩子，而且还不花钱，这对有孩子的员工来说，简直是最大的幸福。位于美国长岛的 CA 公司，就在公司的办公大楼里设立了一家托儿所，设施十分完善，有教室、游戏室、休息室，还有室外游乐场和室内游泳池等。有专门的幼师教孩子唱歌、做游戏，爸爸妈妈还可以在工作闲暇时过来同孩子共享天伦之乐。设施完备的托儿所甚至比高薪更有吸引力，众多 IT 精英为此决定到这里工作。

SHIJIE 500QIANG

J.P. MORGAN CHASE &

埃克森美

EXXON

巴西国家石油公司

日立 HITACHI

FORD MOTOR

Apple(苹果)

美国快捷药方控股公司

法国巴黎银行

SIEMENS

BMW

摩根大通 J.P. MORGAN CHASE &

康德乐

法国电力公司

三星电子SAMSUNG ELECTRONICS

THE WORLD'S
top 500 director of human resources management notes

第九章
人才使用：能上能下，任人唯贤

联想集团的前总裁柳传志先生，曾把企业的管理工作划分为三部曲：建班子、定战略、带队伍。他把干部队伍建设摆在了企业管理工作的第一位。的确，干部是企业的骨干，只有把干部队伍建好了，才能把企业的人心带起来。但不同的企业，优秀干部的评定标准不一样，任用方式不一样，从而获得的管理效果也不一样。

1. 干部的两大资格底线：品德与作风

干部作为公司的骨干管理人员，一直是公司的中坚力量，许多公司往往把干部队伍建设，作为企业人才运营的关键。在选拔和任用干部时，有的企业很强调能力，似乎干部能力的光环可以掩盖一切。能力固然重要，但能力必须建立在人品的基础上，才能正面发挥出来。一些成功的公司，往往会把品德和作风作为任用干部的两大资格底线。

记得曾在深圳一家知名软件公司工作时，经历过这样一件事：有一天，总裁要求运营管理中心起草一份公司干部考核表，采用一些关键指标，由下属匿名给上司评分的方式，来考核公司全体干部的任职情况，借此想了解一下公司干部在员工中的工作及形象情况。于是运营管理中心的同事群策群力，各自提出及搜索一些考评指标，汇集了近百个干部评价指标。然后再一起筛选出 12 个关键指标，如工作能力、业绩成功、领导力等，初步制定了一份干部考核表给总裁审查。总裁又在这基础上加上了他的一些想法，共确定了 18 项关键指标，其中新增了一个“品德与作风”考核指标，并把它摆在了第一位。

当时颇感诧异，为什么“品德与作风”这一项笼统的指标，反而摆在了工作业绩、工作能力等的前面？后来的工作过程中，我终于体会到了总裁的良苦用心：许多公司管理干部，缺的不是能力，而是人品。人品不过硬的干部，能力越强，反而可能对公司损害越大。

记得有一次，公司好不容易拿到一个大订单，某大型集团公司拟委托开发一套管理软件，费用金额为500多万元。总裁非常开心，并高度重视，于是安排了一位颇有经验的研发经理，让他组建一支高水平的产品开发团队，花了半年时间，一路从产品调研、方案设计，到软件功能模块的设计，将这些基础工作都做好之后，正准备带着完整的方案去与那家大公司签订合同，结果对方变卦了，以某些理由改用了另一家软件公司。这下对于公司来说，不但大额订单如同煮熟的鸭子飞掉了，还损失了一大笔研发费用。

后来，老板才查清原因：原来是那位研发负责人在产品设计开发得差不多的时候，便私下与对方公司老总沟通，以300万的金额把订单交付给另一家软件公司，由研发负责人把软件产品改头换面后，以那家第三方软件公司的名义售出，然后支付对方20%，即60万的好处费，这样，那位研发负责人就赚到了240万，而把公司给亏惨了。

其实，像这样的大大小小的例子，公司背后多得是。这也正是公司发展停滞不前，业务持续萎缩的重要原因所在。由此，干部的品德问题也成了老板最为头疼的问题。其实，品德作为一种职业道德，这是任用干部的最起码底线。管理到位的公司往往都非常注重干部职业道德的考核，确保其品德过硬。

杜邦公司非常强调管理人员必须遵守职业道德，并将这一要求纳入了管理人员考评的维度当中。每个员工，尤其是管理人员，加入杜邦公司后都要先到 HR 部门学习杜邦的职业道德规范。尤其是对一些敏感部门，比如采购部和市场部，杜邦的道德规范细则制定得更多。每年年终，管理人员都要接受是否有违反杜邦公司职业操守行为方面的评估。

比如，曾经有过一位实验室管理人员，为了使实验报告漂亮一点，对数据做了一点修改。尽管这份报告未必影响到生产或其他环节，但杜邦公司是坚决不容许的，结果那位实验管理人员被解职了。因为公司不能确定他未来是否会有其他方面不诚信的表现，这就是道德操守的问题。此外，杜邦公司的内部局域网上，专门设置了一个职业道德操守专区，不断地更新信息和界面，核心内容都是要促使员工反复学习，反复强调自己的职业道德操守。

任用干部的另一条资格底线就是作风。正所谓“上梁不正下梁歪”，一个管理干部，尤其是高级管理人员，一旦作风不良，将会导致许多负面效应，最后把部门甚至整个公司搞得乌烟瘴气。一个作风不良的管理人员，往往在下属中是没有威信的，反而让下属们在背后指指点点。那么，管理人员就成了员工心中的反面教材，让他去领导一个部门，肯定会乱得一塌糊涂。

记得有一家港资企业的某个重要的职能部门，该部门的负责人有一个习性：喜欢招聘女员工，而且是漂亮的女员工。所以，他的部门女员工占了绝大多数，于是被大家笑称“阴盛阳衰”。后来就暴露出背后的问题：那位经理很喜欢出差，而且每次只带一名女下属，每次外出就是一周，结果许多不良的新闻就传播出来了。所以，这个部门负责人在公司里臭名远播，而他的行为没有被公司有效制止，导致后来许多部门的负责人都养成了同样的嗜好，结果导致员工对管理人员都失去了信任。

所以说，品德与作风是干部的两大资格底线，如果干部在这方面出了问题，他可能会毒倒一大片。干部的能力是可以培养的，而品德与作风却是人的本性。一个品德与作风过硬的干部，把能力培养起来，就是一名出色的干部；相反，如果一个品德与作风存在问题的干部，往往成了公司的害群之马，往往能力越强，职位越高，危害就越大。

2. 干部不是摆设，而是为了攻山头

企业界常常流传一种说法：一线紧，二线松，三线肿。意思是工作在一线上的基层员工，往往是人员紧、工作忙的；处在二线的中层管理人员作为一种承上启下的中层，主要起上传下达的作用；而作为三线的高层管理人员，往往数量多，工作少，整个管理层就会显得很臃肿。在企业里，原本是管理层级

越高，责任就应越大，工作就应当越紧张。而在不少企业里，却是相反的，一线员工整天忙于各种业务之中，忙得焦头烂额；而管理人员，却是级别越高，工作就越轻松。

在集权式的等级链管理中，企业的管理层级往往非常多，有的多达十几级，甚至二十多级。在金字塔式的组织结构中，管理层级越高，也就意味着公司的管理人员就越多。在一些大型公司里，往往一个部门中就存在多个经理级干部，下面主管级管理人员一大堆，上面还有几位总监甚至副总级高管，干部和员工的数量几乎达到一比一，管理层规模相当庞大。为什么会这样？因为在集权式管理模式中，公司往往把职位升迁作为留住员工的一大措施。

公司各部门往往是分业务模块管理的，举个例子来说：一些大型公司往往是把人力资源部分成好几个业务组：招聘组、培训组、绩效组、薪资组、员工关系组等，每个业务模块都有一班人马在负责，往往都是一个经理下设几个主管，每个主管下面再管理若干个专员。例如，招聘组往往就有招聘经理，下面又分管招聘副经理、职员招聘主管、工人招聘主管，每个主管下面再设几个专员，同样，培训有培训经理、绩效有绩效经理，每个经理下面都有一支人马，由此便形成一个庞大的管理部门。

专员工作几年就要升成主管，主管工作几年又要升成副经理、经理等，所以一个部门中就会出现若干的经理人员，经理上面由几个高管分管着，经理下面由几个主管支撑着。这样的管理干部队伍看起来相当强大、壮观，其实背后问题重重，也是公司管理工作陷入紊乱的根源所在。管理人员多的公司，往往执行力非常低下，因为中间的管理层级分常多，一层套一层的，导致上层管理人员的指令难以执行到下层，而下层员工的意见及工作也反馈不到上层，这样便导致公司上层与下层脱钩了。而且，在管理层级非常多，下层做事必须经过上面层层审批，导致一件简单的工作，都要跑几天，甚至长达半个月的审批流程，导致工作效率非常低下。

此外，管理干部非常多的公司和部门，往往内部派系氛围非常浓厚，相互制衡。为什么部门里面要招高管进来？有些公司存在一种比较滑稽的说法：把高管私下叫成“公鸡”，公鸡是不下蛋的，而公鸡的主要作用就是对外吵架。所以，部门高管的主要工作往往就是在公司召开管理层会议时，代表各自部门相互争取利益，所以没有高管的部门常常就要受其他部门的“欺负”。

在某集团公司工作时，曾遇过一件有趣的事。由于我们部门的总监离职了，有一次公司召开管理层会议，其他部门清一色是总监、董事级高管出席，而我们部门只能让一位经理去作代表，结果开会的时候，我们部门好处捞不着，反而被其他部门高管训了一顿，灰头灰脸地退了回来。高管的另一项工作就是坐在办公室里审批文件和报告，在下面交来的报告和申请上，在中基层管理人员意见审定的基础上，再加签一堆意见，以此来监管一个部门，再把部门运行结果向总裁汇报。

这类干部，看起来是层层把控，其实只是花瓶般为了好看而已，没有多大的实用之处。干部作为公司重金聘来的骨干人才，不是用来摆设的，而是用来攻山头。传统的那种管理人员在办公室坐阵，由基层员工去攻山头的做法是不对的，毕竟基层人员的力量有限。只有在部门负责人的亲自组织带领下，才能形成一个富有战斗力的团队。公司的许多工作，必须由管理干部带头攻山，才可能把山头攻下。

举个简单例子：公司要推行绩效管理，让绩效专员去推动，那是一点也推动不起来的，只有 HR 负责人亲自组织，并与各部门负责人做好沟通、协调的工作，组建一个绩效管理实施团队，才可能把绩效管理推起来。或者说，公司要谈定一家大型客户，如果只让基层业务人员去与客户公司高层沟通，那这个客户是很难拿下的。而往往必须由营销高管亲自出马，才会有较大的胜算。有的公司由业务高管带领几个技术人员组成一个团队去谈定客户，就是这个道理，因为只有高管才能调动公司的资源，只要高管才有这个能力和分量。

干部不是一种摆设，而是为了攻山头，为了给公司创造效益。所以，在公司的干部配置上，应该把管理人员数量压到最低，把花瓶式干部淘汰干净，把干部数量精简下来，才能把干部的角色凸显和发挥出来。

3. 人不人才，就看处哪个位置

在许多公司里，往往只有那些处在关键岗位的人，才被企业看成人才。那些处在重要的管理岗位、技术岗位的人，通常被以为具有高超的技能，无疑就被看成了人才；而那些处在基层岗位的员工，由于看不到出色的表现，于是只当成普通员工。人不人才，就看处在哪个位置了。但这一用人理念是存在很大漏洞的：原本比较有能力的人，如果没有放在合适的岗位上，那他的才能就难以施展那出来，这样的人才可能就被埋没了。其实，每一个员工都可能成为人才，只要放在合适的岗位上，只要他能把工作有效做起来，他就成了人才。所以，在人才使用过程中，给大家一个均等的发展机会至关重要。

“摩托罗拉是一个向员工提供均等发展机会的公司”，这句话已深深地融入了摩托罗拉的企业文化之中，并成为摩托罗拉人才管理方面的一条铁律。在摩托罗拉，每个员工都被寄予厚望，把具备不同知识与技能的人才，安排到恰当的岗位上，使他们的聪明才智得到充分发挥，这便是摩托罗拉公司的用人之道。

许多企业的用人机制都存在一些严重的误区：把员工安排在某个岗位上，就认为他适合且应该从事这一岗位，而对于员工没有做过的岗位，或者职位和技能要求更高的岗位，就不会放心让员工去做。于是，有些员工长期束缚在一些基层岗位上，最后就真的变成了普通员工。

我曾在一家集团公司，遇见过一个女会计，她在公司工作了十五六年，算是“元老级”人物了，可职位依然还是会计，拿着微薄的薪水。于是有一次，我向总裁反映一下她的情况，看看能不能调整下职位或薪水，没想到总裁回复了一句：“她就是一个会计呀，还能怎么样?”其实，员工的能力是可以不断提升的，人才是可以不断增值的，所以员工的岗位应该是不断往上走的，而不应该水平式发展，让员工停留在原点。员工的技能和岗位是相互促进的，如果把员工放在更高的岗位上，就会对他提出更高的技能要求，而当他把工作有效做起来之后，那么他的技能就自然而然地提升了。

现在的员工往往都注重成长的需要，只有岗位和技能在不断提升，让员工感觉自己一直在往上走，这样的员工才是有激情的，这样的公司才有生机。所以，企业在用人时，要打破唯岗位论、唯经验论、唯学历论和唯资历论，应该给每个员工一个好的发展机会，注重员工的实际才干，在工作中不断发现人才。

华为公司的用人口号就是：公平竞争，不唯学历，注重实际才干。华为公司看重理论，但更看重实际工作能力，大量起用高学历人才，也提拔读函大的高中生，不论资排辈，只重实际能力。华为大胆地起用年轻人，一位华中科技大学毕业生，

20岁出头就当上了中央研究部主任，带领着数百人的团队，这在其他企业是难以想象的。曾看过这样一则报道：中科大毕业的某优秀生，加盟华为的第二天就被破格提升为工程师，两个星期后成为主任工程师，半年后升为中研部副总经理，一年后就转正成了中研部总经理。次年，年纪轻轻的他成为公司最年轻的副总裁，如同坐火箭一般。华为大胆的用人策略，让员工看到了希望，激发了员工的斗志，使大批年轻人成为公司的中坚力量。

用人就是要注重员工的实际才干，如同赛马一般，给员工一个公平的能力施展平台，然后把那些有工作能力、业绩出色的人才选拔出来，一步步培养和提拔，不断地根据员工的能力来提升他的工作岗位，这样就能把员工放到一个恰当的岗位上，从而把人才用到位。

前段时间，在网上遇到以前的一位下属，早年间在深圳一家大型制造企业工作时，她还是一名书记工。所谓书记工就是公司从车间工人中挑选一些工作能力较好的工人，到办公室从事一些基层事务工作。这位女员工只有中专学历，也一直没有从事过管理类工作，只是帮一些主管打打杂。这类员工在公司里是处在最底层的，也是最边缘化的，一般没有什么升职空间。但与她共事期间，我便发现她比较机灵能干，脑子很活。没想到她离开公司才五六年的时间，再问起她工作情况时，她得意地卖弄了一下：“我现在在一家制造企业里，老板让我担任质量系统部的负责人，手下管了十几个人。”于是我回复她说："恭喜晋升经理了。你可以有空时回原来公司看看，你以前的主管上司现在估计得向你敬礼了。"她谦虚地说："做人要低调、低调!"

的确，一个人是不是人才，关键看他处在什么样的岗位。如果把员工长期束缚在基层岗位上，导致他的能力没有发挥的空间，那么这个员工时间久了就会被用残。只有在工作过程中，多关注员工的实际才干，把有潜能、有特长的员工放在一个合适的岗位上，才能把企业的人才资源开发出来。

4. 中高级主管：岗位必须轮换

在许多公司里，主管级管理人员往往都是固定在一个业务岗位上，长期负责某一项业务，例如，公司的招聘主管就一直负责招聘工作、培训主管一直负责培训工作。让一个主管专门负责一项业务，的确能把工作做得比较专业，但这种把岗位固定住的用人方式，会引发许多管理问题。最重要的一点就是会导致公司主管级人员技能受限，导致主管级人员很难往上升迁。因为主管级再往上就是经理级岗位，经理级作为部门负责人，往往要求职业技能非常全面。如果主管级人员的技能仅仅局限在某个业务模块上，他是很难升到公司经理级这个岗位上去的。由此，经理级这一关也就成了众多主管人员难以迈过的一道坎儿。

前段时间，我给以前就职过的深圳一家公司的某位老同事打电话，询问他的近况。六年不见了，原以为他在公司已经晋升到比较高的层次上去了，但结果却让我大吃一惊，他还是六年前那个岗位，在公司质量系统部担任 ISO 主管。质量系统部主要负责公司质量管理体系运行的监管工作，主要包括 ISO、COC、ROHS 等各类质量体系的建立和监督执行。整个部门分成三大模块，每个模块的工作由一位主管负责。而他只负责 ISO 体系这一模块，虽然做得很熟，但他对其他模块很少接触，所以就算部门经理位置空缺出来，老板也不可能把他提拔成部门负责人，因为他无法领导整个部门的工作。于是老板只好外聘，而他也就只能在这个主管位置上裹足不前。

如果一个主管仅仅局限在一个岗位上，只会“一行”，那他的能力就会局限在一个狭小的空间里，在公司里很难获得发展空间。因为缺乏综合技能，除了在公司里很难晋升外，就算愤然辞职，跳槽到其他公司，他也依然做不了重要岗位。比如说某个招聘主管，在企业里做了很多年的招聘工作，有丰富的人员招聘经验，但如果他去人才市场寻找人力资源经理的岗位，估计很难找得到。因为对方招聘时，是以人力资源经理的标准条件来考核他，如果对方只懂招聘，而对人力资源的其他几个模块不熟，没有哪家公司敢把这个重要位置交给他。所以说，一个主管要精一行，懂两行，会三行，努力做一名“全能冠军”。知识面越广，综合技能越全，那么他在公司里的发展空间就越大。

那么，如何解决这一问题呢？其实很简单，就是岗位轮换。岗位轮换制是企业有计划地按大体确定的期限，让员工（干部）轮换担任若干种不同工作的做法，以提升他们的综合技能。轮岗制现已成为企业培养人才的一种有效方式，在一些大型的高科技企业里，实行轮岗制的公司非常多，像西门子、爱立信、海尔、华为、联想、明基等公司，都在公司内部或跨国分公司之间成功地进行岗位轮换。

华为激活人力资源，专门建立了轮岗制度，而轮岗制为员工提供了广阔的职业发展空间，也留住了优秀人才。在员工看来，在交换工作岗位的过程中，不但享受到了类似“跳槽”的新鲜和乐趣，而且从中学到了不少东西，对自己日后的职业发展大有好处。为此，华为公司建立了一个内部劳动力市场，以促进人才的合理流动，通过岗位轮换实现人力资源的合理配置和拓展员工技能。华为公司还明确规定：中层管理人员必须强制轮换。

岗位轮换，对企业来说，不仅可以培养出大批优秀的复合型人才，而且成本低、风险小。通过一套简单、灵活的轮岗机制，就可以培养出具备跨专业、跨行业、跨文化等方面知识与经验的高端人才，为企业的持续发展奠定智力基础。

深圳某世界500强集团公司，以年薪百万聘请了一位高管担任下属事业部总经理，他是从线缆行业中一家知名企业挖过来的。年薪百万对于打工者来说，是一份相当高的薪水，所以加盟到公司时，一时成为公司的轰动性新闻。起初，许多员工对他拿这么高薪水还存在着一种怀疑的态度，但他担任公司总经理半年后，公司变化很大，原本业绩一直停止不前，但他加盟之后，加强产品研发，通过并购扩大公司产能，扩大销售市场……

在2012年经济不景气的情况下，公司依然获得了25%的年增长速度。每周开经理例会，就可以看出他的过人之处，他对公司产品研发、生产、品质、销售都非常精通，对各部门问题了如指掌，并且精通管理，把整个公司管理层当成一个团队带动起来。后来，他的一次谈话，我才知道为什么他的能力那么强，那么全面。因为他所在的上一家公司，采用的就是岗位轮换制度，而且员工间不仅可以在部门内部转换，还可以在公司范围内跨部门进行岗位轮换。他先是从研发工程师做起，后逐步轮换到品质经理，生产经理，直到副总经理……公司许多重要部门的负责人岗位，他都做了一遍，所以他能跳出部门，从系统角度来管理一个大公司，成了一名高端管理人才。

所以，对公司的主管级员工，进行定期岗位轮换是非常有必要的，既拓展了主管级人员的工作面，丰富了业务技能，又能为公司培养大批后备高端管理人才。另外，让主管级管理人员定期进行岗位轮换，还有一个好处就是：可以避免山头主义。如果一个主管在某个业务系统做久了，就会形成他自己的势力圈，这样一来，部门内部可以就会形成若干了势力范围，各自为政、条块分割，是非常不利于公司运营管理的，而如果将主管人员定期轮换，就能有效打破这种山头文化。

5. 干部不是终身制：干部要能上能下，任人唯贤？

在不少企业里，似乎都沿用一条规则：员工的职位只往上走，一步一个台阶，往往是升职难，降职更难。在有的公司里，只要把职位坐上去了，就很难下来了，哪怕能力泛泛，业绩平平也照做不误。这样就往往会形成一种不良的企业文化：坐在领导岗位的人，一旦上升空间受限之后，往往就没有了追求，也没有了压力，导致工作没了动力；而下面有能力的优秀人才，却又没有空缺的职位用以升迁，于是也丧失了热情，甚至脚底抹油，另寻找出路。

这种用人机制是没有活力的，不能形成一种激励员工积极向上的氛围，也不能让优秀人才脱颖而出，甚至还会形成一些不健康的潜在文化，即有些平庸的管理干部，为了坐稳自己的位子，往往会挤兑能力出色的下属，而把一些能力平平，但“忠”于领导的下属提拔和团结在自己身边，形成一层浓厚的圈子文化。

而成功的企业，往往会打破“干部终身制”，对于能力平平，或者有重大过失，不宜再担任管理干部的人员，坚决予以降职或者清除出公司，而将一些能做事的潜在人才提拔起来，形成一种能者上、庸者下的良性竞争工作氛围。

曾看过这样一个案例：在三星集团，严格实行“赏罚分明”的用人原则，有功者必赏，有过者必罚，以杜绝在实际提拔人才时出现的重关系、轻能力的现象。三星集团曾有一个既没有背景，也没有资历的普通社员，但是，此人能力很强，把工作搞得有声有色，由此被三星集团委以重任，入厂两年多就晋升为厂长，不久又接连被提拔为总务部长、新世界百货店经理、社长等职。在三星集团，像这位社长因为工作出色而连续被提拔的例子还有很多。

但是，任何表现太差，成绩欠佳的不称职管理人员，无论其资历多老，都要追究其责任，轻则下调其工资，重则罢免其职位。三星集团把工作业绩作为人事任免标准，不让当事人以任何理由申诉。每年年底，三星集团都要召开集团系列公司负责人大会，对经营不佳的管理人员，会毫不留情地给予训斥，甚至被当场免职，而对于经营出色的负责人，则予以重奖。这种奖惩分明、不留情面的铁腕用人政策，正是三星集团“人才第一”用人理念的真实写照。

公司原本就是一种经营性单位，一切工作以效益为准则，谁能把工作做起来，谁能给企业带来更好的效益，谁就应该上位。而那些不能把部门业绩运作起来的管理干部，就必须为其他人才腾出空间。

在深圳某世界500强企业工作时，该公司采用的是一种独特的干部任用办法：管理岗位竞聘制度。公司为了给各部门负责人予以压力，往往采用任务指标的管理办法，每年公司都会给各部门确定一些合适的经营任务指标，并由部门负责人签订责任书，也就是“军令状”。然后公司便用这些部门指标来考核负责人，每周一例会，每月一月结会，每年一次大会，来监督各部门任务指标的完成情况。每月的业绩达不到指标要求的，总裁便会把这些“问题干部”盯得很严，如果年底时还没完成部门指标，那就意味着考核不过关，公司就会出黄牌警告，而且年薪和年终奖都会相应下浮。如果第二年还是不能完成任务指标，那就直接被红牌罚下。

每年那些自动让贤，或者红牌罚下的干部不在少数，而空缺出来的管理岗位，公司直接拿出来，让内部员工竞聘，谁能胜任，谁就上位。所以，对于在公司工作的管理干部来说，许多人都感到压力大，只有奋力向前，否则就会被公司所淘汰。

的确，干部不是终身制，尤其是在人才遍布的知识经济时代，能力出众的人才层出不穷，大有长江后浪推前浪之势，企业管理岗位的竞争将日趋激烈。公司的用人管理模式也正在转型，许多成功的企业正在打破干部终身制，让干部能上能下，任人唯贤，为有能力、想做事的人才腾出施展的空间。

百事集团选择人才有三个尺度：最聪明、最诚实、最具推动力的实干精神。在百事集团中，员工要生存下去并非易事，因为，公司对于员工的要求是：“要么往上发展，要么往外走人”。优秀的人才能量可以百分之百地释放，公司会给他们提供优厚的报酬待遇和快速发展的职业通道，让他们负责重要的岗位，并给他们高度自由的空间以及与其他优秀同事积极合作的工作环境。达到目标、有成效的工作者，公司便会不断予以提拔；达不到目标的，百事集团不会容忍，会很快地把他淘汰出去。

在向市场间效益的时代，企业间的竞争已变得非常激烈，同样，企业内的人才竞争也将日趋激烈。物竞天择，适者生存，在职业的发展过程中，往往会不进则退，有能力有业绩的人才必将获得一步步升迁，而平庸或不出业绩的管理者，将很容易被企业所淘汰。

6. 设立后备干部资源池：企业的“继承人计划”

21 世纪的竞争是人才的竞争，这已成为企业界的共识，因为在企业里，80% 的业绩是由 20% 的关键性人才创造的。关键性人才是企业最为核心的资源，企业拥有人才数量的多少也就决定了它的发展空间，乃至成败。

企业的人才中，重要的一部分就是管理人才，也就是企业管理干部的素质和数量。许多企业在配置干部时，往往是一个萝卜一个坑，完全是点对点的，这么做或许是为了节省管理成本。但公司如果没有一点后备干部，对公司发展是相当不利的，甚至会成为制约公司发展的一大瓶颈。

没有后备干部的企业，运作起来往往会经常陷入被动的境地，因为一旦各部门负责人没有后备的替代型干部，那么该部门负责人就成了不可替代的关键人物，而且又手握公司许多重要的资源，一旦这个部门负责人出了问题，公司会陷入很大的被动之中，甚至导致一些业务陷入瘫痪状态。因为公司没有后备人才来代替他，而重新从人才市场上引进一个重要岗位的管理人员，往往要花掉数月的时间。

此外，没有后备干部的企业，往往发展后劲不足，一个企业要扩张，往往都是采用设立子公司或者对外并购的方式。企业在扩张设立子公司时，最头疼的问题就是如何组建新子公司的管理团队。许多企业由于没有后备干部，所以只能沿用被兼并企业的原班管理人马，或者从人才市场上东拼西凑地引进一些管理人才，组成公司的管理团队，但不管怎么做，这个子公司的管理团队是很难有效率的。因为如果沿用原公司管理人马，显然是有问题的，那家公司的倒闭被兼，往往都是因为管理团队不行，如果直接照搬过来，无疑是给企业新背上一个包袱。如果从市场上招聘管理人员，拼凑出一个管理团队，这个团队可能更没有效率。管理团队问题解决不了，公司设立的子公司越多，那么公司背的包袱就越多，如同“斜坡球理论”所讲的那样，越往上走就越艰难。

然而，如果企业建立了后备干部人才池，也就是企业的“继承人计划”，结果就会完全不一样。企业人才池，通俗地讲，就是企业的后备人才库。公司通过内部培养，让员工能力逐步全面发展，就会造就一批批的后备人才，形成企业人才池。在此基础上，企业就可以构建人才梯队，高效地运营人才。这样既打通了员工的晋升通道，也可以在企业出现关键岗位空缺时，从企业人才池中提拔后备人才去接替关键岗位。

杜邦公司成功推出了“接班人计划”，即所有的主管、管理者都需要积极培养自己的接班人。在杜邦公司内部，有一个原则：如果一位主管没有培养起下属，那他是无法获得晋升的。因为没有人来接替他晋升后所留下的空缺，这样就成功地把管理者和他的接班人有效地捆绑起来。这种接班人计划，还可以在不同国内的杜邦公司之间分享。举个例子，有些员工如果在区域性的杜邦公司内的发展受到限制了，那么杜邦公司就会把这些高潜质人员列出来，在跨国范围内讨论如何调动他们，发挥他们的优势，给予他们发展空间。

企业接班人计划，是一种非常有效的后备干部培养模式，操作起来也相对简单，就是针对公司的管理岗位，从下一层级的员工中，筛选出 1 ~ 2 个能力、业绩较为出色，具有良好可塑性的人才，作为该管理岗位的接班人。这些接班人在原有岗位的基础上，新增一个头衔，即上一级管理人员的助理。如此一来，这些接班人在负责原有岗位工作之外，还可以以助理的身份协助上司从事管理工作，也就是让那些管理人员培养继承人，一旦管理岗位空缺，就可以从接班人中挑选后备人才接任岗位。这样每个层级的管理岗位，都有后备的接班人，于是就形成了一个完整的继承人梯队，也就是企业的后备干部人才池。如此一来，既不增加企业的管理岗位，又能为优秀人才打开晋升通道，也能进行企业的人才运营，一举多得。

7. 建设多通道晋升机制

员工往往都比较关注自己的职位晋升，但晋升往往又是让许多人深感头疼的问题，因为企业的晋升机会非常稀少。传统的企业晋升机制往往都是单行道的，即员工往往只能在一个职位序列里发展，即每个员工只能在自己的业务领域内发展。例如，财务人员往往都是沿着会计、财务主管、财务经理、财务总监方向发展，HR 人士只能沿着人资专员、人资主管、人资经理、人资总监方向发展。在金字塔式的组织结构里，职位越往上走，数量就越稀少，竞争就越激烈。而且员工的职位升迁还是单线发展的，也就是人盯人的职位晋升方法，只有当上司把岗位腾出来后，下属才有升迁的机会。

由此，这种单通道、单线式的晋升机制往往让员工的升迁成了一种奢望，也困扰了众多职场人士。这种狭隘的员工晋升通道，背后存在许多负面管理问题：一是极大地增加了员工的晋升难度，员工只有等到上司离职或升迁时，员工才有机会晋升到上一级岗位。但上司往往可能也要很多年才能离岗，所以下属只能漫长地等待；二是容易导致优秀人才离职，优秀人才是没有那么多时间来等待的，当他们感觉到在公司升职无望的时候，往往都是把眼光放在外面，通过跳槽的方式来获取更高职位的工作；三是容易搞乱上司与下属的关系，在单行道的职位晋升机制中，下属与上司的关系是相当复杂的，当利益趋近于一致的时候，可能会关系密切，当上司升迁得比较快的时候，其得力的下属往往也会跟着不断升迁。但当上司晋升很慢的时候，那这条晋升通道就会长久堵车了，上司反而成了下属晋升的绊脚石。

曾看过这样一个案例：某公司人资部的一位高级招聘主任，手下有一位得力的女助理，两人共事了两年，关系倒也一直比较融洽。为了笼络这位得力助手，高级主管自然常常跟下属许诺：只要自己晋升成副经理了，就把主管的职位交接给她。然而，偏偏那位高级招聘主管的人际关系不怎么样，在公司工作多年，却一直得不到升迁。慢慢地，女助理开始焦躁起来，跟上司的关系也开始日趋紧张，在两人关系决裂之后，那位高级主管便把女助理退回给部门经理。于是，部门经理只得把该女员工安排在另一位女主管下面担任助理，结果晋升更是无望，于是最后只好跳槽走人了。

下属与上司的矛盾化，问题不在下属，也不在上司，而在于公司不合理的晋升机制。单通道的晋升机制会让大家的晋升都变得很难，一旦出现堵车现象，那么上下级之间可能就会出现矛盾化。为此，企业必须建设多通道的晋升机制，才能有效化解企业员工晋升通道上的堵车问题。多通道晋升机制往往有以下措施。

建立多个职位序列：企业里往往有两大职位序列，一是管理类职位序列，其晋升通道是：专员、主管、经理、总监等，而且管理类职位序列里面又分为若干个职能型职位序列，例如财务部有财务部的职位序列，即出纳、会计、财务主管、财务经理、财务总监等，营销部有营销部的职位序列，即业务员、小片区经理、大片区经理、营销总监等。而技术类职位序列，其晋升通道则是技术员、工程师、高级工程师等。多通道的晋升机制就是要打破以前单职位序列的晋升模式，可以允许员工在多个职位序列里交叉式、跨越式发展。

例如，技术人员具有多个晋升通道，既可以在技术职位序列里发展，也能在管理职位序列里发展，也可以交叉式发展。有的技术人才既是研发经理，又是高级工程师，具有双通道职位发展的机会。同样，管理类人才也可以打破各职能序列的壁垒，例如行政人员可以跨越到人资领域发展，也可以跨越到营销或其他职能领域内发展。

建立企业内部跳槽市场：在传统企业里，员工是不能内部流动的，所以员工只能束缚在一个职位序列里发展，要跨职能发展，只能跳槽换份职业。而建立企业内部跳槽市场，就能有效打破各部门之间的职业壁垒，一旦某部门缺少管理岗位，其他部门的员工也能来参与竞聘，跳到另一个部门去发展。其实，人才的技能往往是多面性的，可以胜任多个职能领域内的工作，而让员工在内部流动起来，就等于打通了员工的横向及纵向职位发展通道，员工可以全方位发展自己。

进行人才运营：有些大型集团公司，旗下往往有多家子公司，如此一来，企业就可以进行人才运营，由 HR 来统筹运营人才，即集团公司内空缺某个管理岗位，可以在集团范围内组织内部员工竞聘该岗位，就可以打破以往的单通道、单线式晋升模式。当然，打开员工晋升通道的最好模式，就是企业持续对外兼并扩张，因为每扩张一个子公司，就会新增大量的管理岗位，就可以从企业内部选拔优秀人才组建子公司的管理团队，就会给员工带来大量的升职机会。

SHIJIE 500QIANG
J.P. MORGAN CHASE &
埃克森美
EXXON
巴西国家石油公司
日立 HITACHI
FORD MOTOR
Apple(苹果)
美国快捷药方控股公司
法国巴黎银行
SIEMENS
BMW
摩根大通 J.P. MORGAN CHASE &
康德乐
法国电力公司
三星电子SAMSUNG ELECTRONICS

THE WORLD'S
top 500 director of human resources management notes

第十章
留才管理：打造企业的人才磁场

不同的企业，有着不同的人才吸引力，人是有趋利性的，总是往诱惑性大的方向走；人才吸引力强的企业，往往成了人才的聚集地；而吸引力弱的企业，不但招不进优秀的人才，还成了内部人才流失的重灾区。由此，企业应该规范管理，消除内部的消极系统，将员工价值与企业价值有机统一起来，从而形成强大的企业人才磁场。

1. 招人难时，留人亦难

招人难时，留人也难。这是许多HR人士的感触。一个招不到人的企业，往往是公司管理很不规范，内部问题重重，这种企业自然也留不住人。于是就会出现外面招不进人，而里面却频频流失人才的入不敷出的尴尬局面，导致企业用人方面捉襟见肘，一筹莫展。如果人才经营不起来，那么企业的发展自然就成了一句空话。

互联网的出现和广泛应用，给公司的招聘工作带来了机遇，因为企业可以通过互联网，在大型专业网站如中国人才热线、智联招聘等便捷地招聘人才，而不像传统招聘方式那样，去范围窄小的人才市场上进行招聘。但互联网的广泛应用，也给公司的招聘工作带来了挑战，因为公司都主要在一些主流招聘网站上开展招聘工作，并把薪资待遇等直接挂在网上，这样一来，就会引起企业间的激烈竞争，高薪企业的岗位往往会很热门，求职者趋之若鹜；而低薪者往往会无人问津。而且，企业把薪资待遇直接挂在网上，就让企业界的薪资问题透明化了，人才也知道自己应该值多少钱。于是，就算有些企业联系到一些求职者进行面试，但求职者会坚持要求按市场上的工资待遇支付，于是低薪企业的招聘工作就变得非常的困难。

此外，由于互联网的广泛应用，网上信息传播非常迅速，俗话说：好事不出门，坏事传千里。在企业界，这句话得到了确切的应验。由于网络的流行，一旦企业出现一些不好的新闻，就会在网上广泛传播，极大地打击企业的声誉。例如，2010 年某知名企业出现的连续跳楼事件，一时间成了全社会舆论广泛关注的焦点，也让企业的外在形象严重受损，后经过一系列的整改措施，才慢慢平息下去。而且，由于一些网站、论坛的出现，许多企业的员工，不论是在职的，还是离职的，都会在一些网站、论坛上发布一些帖子，把自己的牢骚以及公司所谓的黑幕发布上去，抹都抹不掉。

现在的员工都学得非常精明了，当面不发牢骚，防止老板给小鞋穿。但在网上匿名发帖子，就会把牢骚添油加醋般地宣泄出去。所以，一些管理不规范的企业，就会被自己的员工在网上越抹越黑，对企业的招聘工作都极为不利。大家知道，企业在招聘一名员工时，会偷偷地对该员工进行背景调查，以了解他以前的工作情况。其实，许多员工在求职时，也会对公司进行背景调查，了解它的内部情况，而员工对公司的背景调查，就是通过网上搜集公司的信息评论，如果负面评论比较多的企业，员工就不会跳进这个“火坑”。由此，企业常常会错失不少人才。

有这样一个案例：深圳某公司主要做的是政府项目，而这类项目型公司都会存在一些问题，比如重业务而轻管理，老板只关注项目，只关注赚钱，而不太注重企业管理的规范，就会导致一些管理工作跟不上来。例如，管理者太集权、晋升通道不畅、内部圈子文化太重、福利太少、没有学习机会等。而且公司做的是项目型业务，必须把项目做完才能收回项目款项，由此经常会出现收款滞后的现象，这就意味着企业会常常拖欠工资。

有一次，公司由于回款较慢，导致某月的工资不能按期发放，结果员工做事消极。这样一来，项目进度就更慢了，第二个月还不能把工资发下来。接下来，各种负面新闻都出来的，许多员工纷纷在一些论坛上发帖子，散布新闻，甚至辱骂老板，宣称公司濒临倒闭，一时间搞得员工人心惶惶。到第三个月时，问题就更严重了，大量在职业务、技术人员纷纷离职，大有土崩瓦解，树倒猢狲散之势。

企业留不住人，必然也招不进人。面对大量人才的流失，老板让人事部紧急开展招聘工作。但问题出来了：人事部每天都在网上发布招聘广告，在招聘网站上搜索人才，每天都在通知人才来面试，但前来者寥寥无几。而且，企业面试通过的员工，待遇给得也并不低，当场说得好好的，但第二天就不来公司报到上班了，不断地放公司的鸽子。原因其实很简单：深圳有一个颇有影响力的网站，新员工入职前，往往都会在该网站上查阅该公司的信息，如果见到海量的公司负面评价，自然就把求职者吓退了。

所以，在互联网时代，企业要经营好人才，就必须规范好内部的管理工作，要注重提升内部员工的满意度。这样，员工才会对外宣扬公司好的一面，进而提升公司的外在形象。否则，如果企业管理不规范，导致员工怨声载道，员工就会把牢骚在网络上宣泄出去，迅速把公司抹黑掉。由此，当一个企业招聘和留人都出现问题时，就得好好反省自己的管理了。

2. 要忠诚，就要赢得员工的芳心

当前，企业界越来越关注员工的忠诚度问题，甚至有的企业把员工的忠诚度摆在了第一位。在招聘和用人时，宁愿启用一个能力一般，但对公司忠诚的人，也不愿意启用一个能力出色，而对公司心怀二意的人才。因为员工一旦对公司不忠诚，会给企业带来诸多的危害。不忠诚于公司的员工，往往是身在曹营心在汉，他只把公司当成一块跳板，或一家客栈，一旦有合适的发展机会，就会毫不犹豫地跳槽，而给企业的工作带来很大的负面影响。尤其是有些员工将公司内部的商业秘密带到竞争对手那里去，更会给公司带来莫大的伤害。

曾看过这样一个案例：某知名企业投资上千万，开发一款新产品，而正当产品快开发出来的时候，负责该新产品开发的项目经理突然借故离职，于是公司又得换人来负责该项目工作，经过一番波折，开发工作自然会受到较大的损害。几个月后，正当该公司准备把开发出来的产品包装上市时，另一家竞争对手公司竟然率先推出该款新产品，抢占了市场先机，让公司蒙受了巨大的损失。事后，公司才明白过来，原来该名项目经理是被竞争对手公司挖过去了，而他临走前把所有的研发资料拷贝在自己的移动硬盘里，而竞争对手公司直接在现有基础上再改进一下，产品就开发出来了，几乎不费成本，却收到了巨额的市场效益。

这件事情让该企业总裁懊恼不已，从此便把员工的忠诚度放在了考核的第一位，而且加强了员工的监管工作。例如员工上班时不准用 U 盘、移动硬盘之类的存储器，发送文件不能用私人邮箱，必须采用公司邮箱，以便加强监管。

此外，对公司不忠诚的员工，往往工作起来也不上心，混工资、磨洋工的居多。不少员工抱着“钱赚得再多也是老板的，与自己无关”的心态。于是他们往往不会关心公司业务的发展，只关心自己的工资。由此，在许多公司都会出现这样一种现象：老板整天像狮子一样为了公司的事业奋斗不已，而员工工作起来却稀稀拉拉。有时老板在会上谈到公司的发展前景时，往往热血沸腾，激动不已，而员工却冷眼以对，毫无兴趣。所以，在许多公司里，往往晚上坚持在公司加班的只有总裁本人和少数高管，多数员工往往下班时间还没到，就提前收拾好了行装。

员工的忠诚问题已经成了许多企业头疼的问题。2013 年年初，美国知名民调机构盖洛普公司公布其 2011 至 2012 年全球雇员对工作投入程度的调查，该调查对象为 2011 至 2012 年间 142 个国家和地区的企业员工。调查显示：在这 142 个国家和地区中，仅 13% 的员工是真正敬业的，高达 63% 的员工漠不关心，有24%的员工消极怠工。中国的敬业员工比例仅为6%，远低于13%的全球平均水平，中国员工敬业度全球倒数第一。

为什么会出现这种情况？如果只是少数员工对企业不忠诚，或许是员工本身的问题，而如果大多数员工都对企业不忠诚，那问题的本身就在公司。许多公司往往只强调员工的忠诚，而不去思考自己能给员工带来些什么，如何去赢得员工的忠诚？员工也有自己的价值追求，如果公司只追求企业的价值，而不关注员工的价值，不关心员工对公司的满意度，那员工的忠诚就成了空谈。

所谓“得人心者得天下”。公司要让员工树立起主人翁的工作意识，让员工自愿为公司卖命，那公司就应该懂得去真诚地关怀员工，让他们感觉到温暖。用工资能收买员工为公司工作，但不能收买员工的心，让他们主动、愉悦地为公司工作。唯有真诚的关怀，才是打开员工心门的钥匙；唯有关注员工的诉求，满足员工自己的价值追求，才能赢得员工的芳心。

有这样一个案例：在佛山利达玩具公司是一家港资企业，虽然在07年的玩具召回风波中倒闭了，老板也随之上吊自杀，但公司那一套关怀措施所起到的激励效果非常惊人，乃至公司因玩具招回蒙受数亿元损失，公司面临倒闭的情况下，员工还舍不得离开公司，坚持奋战在第一线。该公司老板叫张树鸿，是一个非常有人情味的老板，很懂得尊重和关爱员工。当员工过生日时，公司会在上班时间用广播为其点播一首生日快乐歌，并送上一份精美的礼物。身为一个老板，他会经常开车为员工送水果，经常跑到饭堂去关心员工的伙食……公司给的工资并不高，但员工的评价是：就算不给工资，我也愿意为这样的老板干活！

员工往往是公司里的弱势群体，如果对他们漫不关心，只是当成一种买卖关系，他们是不会为公司尽力的；如果用制度和权力去压迫他们做事，更会激发他们的反感和抵制。人是一种情感动物，追逐利益的同时，也在追求情感。如果只是把他们当成赚钱的工具，他们会很消极；而如果对他们表示关怀，让他们感受到公司富有人情味的一面，他们就会心怀感激，心甘情愿地为公司卖命！

3. 老板永远的痛：爱将叛逃！

老板最大的痛苦，莫过于自己一手培植起来的，跟随自己打拼多年的爱将，突然“叛逃”出走了。老板的爱将，往往都是自己身边的心腹，甚至左膀右臂，掌握着公司的核心部门，或者关键性业务，手中握有公司太多的机密，成为公司颇有权势的重量级人物。而且，老板与“爱将”的关系往往也非常微妙，工作上往往对其有很大的依赖，但内心又常常对他们非常的忌惮和戒备。

从表面上看，老板和那些高管爱将们亲密无间，有说有笑，关系似乎颇为融洽。而私下里，相互间又往往相互斗法，暗暗较劲。其实，老板和那些高管之间常常会出现利益分歧，老板对于高管们掌握核心的商业机密而颇为忌惮，不愿受制于人；而那些高管们认为自己跟随老板多年，立下过汗马功劳，为老板创造过巨大财富，而对于自己的微薄所得往往会心怀不满，于是利益分歧就这样出现了。

有些老板对于自己的“爱将”又爱又恨，爱是因为有很多业务得依赖那些爱将；恨便是常常害怕企业受制于那些高管。由此，常常会维持一种“貌合神离”的关系。然而，一旦老板的爱将叛逃，不论从哪些方面讲，都是对公司不利的，由此也常常成了老板心中永远的痛：一是爱将往往掌握了公司的核心业务和大量的商业机密，一旦叛逃到竞争对手公司，后果不堪设想；二是爱将叛逃，往往会对公司产生巨大的震动，一旦公司高层变动，会引起整个公司员工的关注，往往会引发各种猜测，对公司相当不利；三是爱将叛逃，往往还会带走一批心腹，而让公司的某块业务顿时陷入瘫痪。

爱将的叛逃，往往有三种方式：第一种是被其他企业以高薪厚禄挖了墙脚。当老板给爱将的待遇不够高的时候，被别人挖墙脚是一种很常见的现象。许多公司在招聘高端人才时，往往都会通过猎头公司进行人才招聘，而猎头最主要的手法就是挖别人墙脚。当某大公司急缺一些高管时，猎头往往就会通过电话、邮件等方式，联系同行业企业中的一些高管，只要用人公司提供的待遇高于当前公司，那么，那些高管自然而然地就被撬走了。

深圳某世界500强企业的下属事业部，2013年曾通过猎头公司，以百万年薪从某大型公司挖走一名高管，出任该事业部的总经理。该总经理担任后，果然不同凡响，整顿业务，狠抓管理，大举对外兼并，结果入职当年，公司的销售额就同比增长了25%；次年，又通过兼并的方式，将公司的业务由2.3亿一下串升到6.2亿，深受总裁器重，而对于上家公司来说，这无疑是一个巨大的损失。

第二种是爱将出去自立门户。老板的企业往往也是由那些爱将们协助，从原点开始起家的，由当年的一家小企业发展成大公司，造就了老板巨额的财富。而那些高管们虽然位高权重，但往往没有公司的股份，就算有也是极少。而那些高管对行业及业务又是非常的熟悉，看见老板这么成功，他们难免不会心动，于是往往会带着一班心腹出走，在外自立门户。这种现象在企业界也非常多。

深圳某矿业集团公司，原本是做有色金属起家，90年代初创业时，只有寥寥几个员工跟随，这些留下来的员工，后来都成了公司的元老和老板的爱将。经过二十多年的发展，公司也由一家年产值几百万的小型加工厂，发展成资产数十亿的大型集团公司。而正当公司事业蓬勃发展之际，公司的一位掌管技术兼分公司的总经理，放着数十万的年薪不要，却突然“叛逃”了。一位掌管公司技术的高管出走，公司总裁顿时非常紧张，担心公司业务陷入瘫痪，于是一再进行挽留，但那位高管还是扬长而去。原来他约上了几个朋友，在外面建立了一家自己的加工厂，在那里稳步经营。

第三种是跟老板理念出现分歧，关系出现了裂痕，于是只好“叛逃”另谋出路。有些老板看起来对自己的爱将很倚重，其实内心是不信任的，往往处处提防，设法逐步把高管的权剥夺过来，剪除他们的威胁，但一旦关系破裂，那高管们就很容易出逃。

2010 年，我在深圳某知名企业工作时，公司曾出现过一次高管叛逃潮。原因是这样的：总裁一直要扩大公司的业务和市场范围，并推出了目标管理，给高管理们立“军令状”，但那些跟随总裁创业多年的高管，非常不满公司的待遇，看不上月薪万余的工资，一直要求总裁兑现承诺，给予他们股份。于是一场高层斗争就这样暗地里展开了，那些高管联合起来抵制总裁的任务指标，老板见驾驭不动那些高管了，于是开始在各分公司推行分权管理，每个分公司提拔几位经理出任分公司副总，并和总经理各掌管一块业务，想借此削弱高管们的权力。但这一举动彻底引起了一些高管的对抗，于是好几个分公司总经理纷纷递交辞呈，然后带领一班心腹在外面自立门户。这场高层出逃风波当时对公司冲击颇大，犹如地震一般。

爱将经营得好，会成为老板的得力干，而一旦出现裂痕，以致引发爱将叛逃，往往会成为老板心中永远的痛。成功的企业，往往都很注重处理好与那些位高权重、功劳浩大的高管之间的关系，把他们列为公司的关键性人才，通过给予高位、高薪，甚至股权激励来把他们牢牢拴在公司，与公司同为一体。

4. 有时，也要站在员工角度想一想

老板常常站在企业的立场上，要求员工对公司无限忠诚，希望员工能跟自己一条心，能把大家拧成一根绳，每天跟着自己为了公司的事业奋力打拼。而偏偏有些员工却心怀二意，有些老板常常懊恼地想着一个问题：为什么自己的员工拿着公司给付的工资，却对公司不忠诚?

我当年刚步入职场时，也对企业员工存在的一些“吃里爬外”现象非常不解，常常为老板愤愤不平。后来接触面广了，也就慢慢地看明白了。其实，老板有时候需要学会转换一下思维模式，适当站在员工的角度想一想。当前的企业管理模式往往很难让员工忠诚起来，根本原因就是企业往往只追求股东利益的最大化，而不关注员工的利益。

有的老板认为，企业给了员工工作，给了员工工资，似乎是企业养活了员工一样，希望员工心怀感恩。而事实却恰恰相反，老板只提供了一个平台，而企业的收益大部分是员工创造的，但员工只获得了一份微薄的工资，而老板却获取了所有的利润。从这个层面上讲，是员工成就了老板。每年年底，股东

可以按照各自股权的大小进行分红，而许多企业的员工连最起码的年终奖都没有。由此，在员工心中往往会形成一种根深蒂固的观念：钱赚得再多也是老板的，与自己无关。由此，许多员工就将自己与企业隔离开来。

有件事情让我印象非常深刻：早年间加盟一家大型集团公司，负责人力资源工作。鉴于当时公司人员流动率太高，我向总经理建议建立年终奖制度，总经理也非常支持。于是在跟各部门负责人共同沟通的基础上，起草了一份年终奖草案，计划年底时给每个员工多发一个月工资。消息传出去后，员工们欢声雀跃。可方案送交集团总部时，总裁只在上面签了两个字：暂缓。也就意味着年终奖的梦想泡汤了，消息传回来，员工们士气大挫。

年终奖原本是公司对员工过去一年来为公司所做出贡献的回报，也是企业与员工分享经营成果的一种有效方式。但目前国内依然有超过60%的公司没有设立“年终奖”，年底时，股东们兴奋地分红，而员工冷冷地在一旁观看，也就冷落了许多员工的心。而且，当前大多数企业是不关心员工的未来，乃至前途。在许多老板眼里，员工只不过是自己花钱雇来赚钱的工具，工作一个月就给付一个月的工资，至于员工未来怎么样，老板很少去关注。

当前企业采用的主要是合同雇佣制，一般的合同是2年左右，合同一到期，双方再双向选择，如何合适，再续签合同。看起来公平合理，其实背后对员工有很大的危机。当员工年轻的时候，找份工作可能还不是问题；但一旦上了年龄，尤其是到了50岁左右，那员工就没有职业保障了。

我曾经见过一幕让人颇为伤感的场景：有一次，我跟老板去深圳会展中心参加一场中高端人才招聘会。在我们公司招聘展位的旁边是深圳南波A集团公司，该公司展位前站了一条长长的应聘人员队伍。其中有一位50岁左右的中年求职者，好不容易排到他，一位年龄20多岁的招聘专员问他应聘什么岗位，他怯怯地回答说："可以应聘贵公司的培训主管岗位吗?"招聘专员接过简历，看了一下说："看你简历，曾经做过公司总经理，为什么还愿意到我们公司应聘一个主管?"那人钝了钝，回答说："我认为一个人有起有落，关键是心态平和。"招聘专员又问他薪资要求，他回答说："我以前月薪是一万二，只要差不多就行。"招聘专员很不客气地说："达不到，减半!"那人犹豫了一下，回答说："没关系，有事做就行。"招聘专员将简历往旁边一丢，又开始了下一个人的面试。就这样一个人，尽管委屈自己，却连个主管也应聘不上。

员工年龄超过40岁之后，职业生涯就开始走下坡路，到了50岁之后，不要说求职，就是在公司里工作，都会受到公司的排斥。记得某公司的海外市场部，有一位年过五旬的业务副总，单独负责欧洲市场，一头斑白的头发，每天还在为公司争取客户。公司业务部每月是有指标要求的，但每个月，那位营销副总都只能完成指标的50%左右，于是让总裁颇有意见。一次公司经理层会议，那位业务副总汇报完销售结果后，总裁似笑非笑地当着所有经理的面，说了一句："张总这个年纪，早该回家抱孙子去了。"整个场面颇为尴尬。

所以说，员工也有自己的前途和利益追求，在毫无保障的职场里，不得不为自己的未来谋取点利益。企业有时也要站在员工的角度想一想，如何带动员工共同成功，如何与员工分享共赢，如何消除员工的内心顾虑。只有这样，才可能让员工与公司融为一体，从而表现出对公司绝对的忠诚。

5. "企业目标"与"员工目标"真的相悖吗？

在不少企业里都存在这样一种现象：似乎只有老板每天都在为了公司的事业忘我地打拼，普通的员工常常在公司混日子，混工资，而有门路的员工，往往都在借助公司的平台，或者偷偷在外面谋取自己的私利。这是众多老板所恼火的，老板们往往只强调企业目标，强调员工必须跟随自己共同实现公司的目标，而针对员工个人的目标，老板是不会支持的，甚至坚决反对。认为员工追求个人的目标，私下做自己的事情，那是在开小差，不务正业。

记得有一次，我去一家手机制造企业面试，对方总裁接见了我。面试过程中，那位总裁问我的兴趣爱好，我随即回答了一句："比较喜欢写书。"并把随身带着的几部作品递给他看。原以为总裁会赞赏两句，没想到总裁翻了翻之后，说了一句：

“书是写得不错，但我不希望你占用那么多时间。”我赶紧解释道：“那些书是晚上下班后，利用业余时间写的。”“那也不行，晚上写书也会消耗你的精力，导致第二天没精神上班。再说，你应该多花点时间和精力来思考公司的事。如果你过我公司来，我希望你把这个事停掉！”

这种现象其实在企业界很常见，在老板眼里，往往只有企业目标，公司的发展永远是摆在第一位的，而且是唯一的。员工所谓的个人目标，在老板眼里就是走偏道，这是老板所不允许的。似乎企业就是一切，就代表员工的全部。

其实，企业有企业的目标，员工有员工的目标。在大多数老板眼中，企业的目标无非是两个：一个是如何做大做强，也就是以市场竞争为导向。企业的目标就是击败竞争对手，不断扩大公司的市场占有率；第二个目标就是实现利润最大化，也就是股东收益最大化。企业的终极目标似乎就是赚钱，最大限度地获取利润。所以，老板往往只会追求股东满意，顾客满意，而很少在意员工是否满意。

员工也有自己的个人目标：那就是追求较高的收入，以便过上舒心的生活，追求个人成长，追求未来前途，追求自我价值的实现……所以，在工作之余，员工也会为了自己的目标而奋斗。不少企业的员工会利用周末时间到一些教育机构进修，以提升自己的文凭。会利用工作便利和公司的资源为自己谋求私利，会利用业余时间到其他机构去兼职，谋求第二份收入，甚至有的员工会边上班边为自己创业。在深圳，每年都有几十万的员工在做安利，为什么许多白天在企业工作得筋疲力尽的人，晚上和周末还会四处去销售安利产品？为什么每天晚上还会去参加安利的培训会，聆听那些安利公司成功人士的演讲？因为大家都想成功，都希望有一条事业渠道，来实现成功的人生，这些都是员工自己的目标。

企业目标和员工目标真的相悖吗？其实不然，当企业目标与员工目标相一致，或者融为一体的时候，这种企业是最有生命力和战斗力的；而如果两者目标相背离的时候，往往是企业乱象丛生的根源。企业目标与员工目标其实并不矛盾，之所以出现背离现象，原因在于企业的目标过于窄小。其实，企业还有一个大的目标，那就是服务社会，即企业的价值目标。既在于满足消费者的需求，让顾客满意，以与消费者永久融为一体，同时又要服务员工，大幅提升员工的满意度，也就是要满足员工的需求。

那么，企业该如何把两者目标统一起来？最好的方式就是构建企业的共同愿景。或许有些人会问："我公司已经制定了共同愿景，把公司发展成行业一流、国内甚至世界知名的企业。"其实，这并不是企业的共同愿景，只是企业的目标而已，并没有包含员工的个人目标。这样的愿景制定得再宏伟、再漂亮也无补于事，员工对此根本没兴趣。因为他们知道，就算公司发展成一流企业，那也是在帮老板赚钱，自己得不到什么好处，又何必为他卖命呢？真正的共同愿景是在企业目标中融合了员工个人目标，通过企业目标的实现来达到员工个人目标的实现，这样的愿景才有吸引力和号召力。

曾看过这样一个案例：在位居世界500强的3M公司中，它在制定企业“共同愿景”时，就很好地将员工的个人愿景与企业愿景进行了统一。比如，你要当发明家，要做自己产品的操盘手，你就可以向公司申请资金用于启动自己的个人项目，时间在工作时间的15%以内即可，公司也允许项目的失败。正是这种将企业愿景与个人愿景相互转化的做法，让3M公司在百多年历史中开发了6万多种高品质产品，并总能快速推出令人耳目一新的产品。

企业和员工都是利益追逐者，只有通过共同愿景，把员工的个人目标统一到企业的总目标中来，把企业做成大家的事业平台，让员工们领会到，实现了企业目标，就顺带实现了员工自己的目标，这样员工才会有兴趣和干劲，从而达到将公司的“愿景”与员工的发展紧密相连的境界，让员工与企业融为一体。用惠普公司的话讲：你就是公司！

6. 消除企业内部的消极系统

许多公司都容易陷入一种尴尬的境地：好的人才招不进来，或者招进来没多久就扬长而去，而内部出色的人才却又频频离职，另谋高就。公司在前门招人，人才却从后门流失，像漏斗子一样，不管怎样灌水，漏斗子里总藏不下水。不少老板只是在那里哀叹、生闷气，却很少有人去反思：企业为什么会这样？企业吸引不住人才，问题肯定出在企业自己身上，如果仔细去排查，就会发现，企业内部其实存在诸多“消极系统”，而这些负面因素往往正是企业的人才杀手。归纳起来，无非是以下几类：

薪酬太低：在当前企业界，薪酬依旧是最大的激励因素，人才关注第一位的往往还是薪酬，毕竟在企业里工作的最大动力是工资回报。然后，不同的行业，不同的企业，薪酬标准是完全不一样的。像那些金融行业、高科技行业、矿产资源行业薪资待遇普遍较高，而传统的加工制造企业相比薪资待遇要低很多；像那些大型集团公司，尤其是上市公司，薪酬待遇往往比较高，而中小型企业薪酬待遇往往较低。

如果在过去，由于互联网不发达，各行业、各公司之间的薪酬待遇并不透明，薪酬对人才的冲击还不会很大。而今随着互联网招聘的广泛使用，各公司把岗位薪资待遇都晒在专业招聘网站上，这时候，各行业、各企业之间的薪资待遇就完全透明化了。人永远是趋利性的，都会往自己最有利的方向走，由此，高薪酬待遇的企业就会形成强大的人才磁场，像华为公司那样，实行高工资制，导致人才对华为趋之若鹜。相比之下，薪资待遇低于市场标准的，不但招不进人才，还必然成为人才流失的重灾区。

工作憋屈：管理不规范的企业，往往没有合理的企业管理机制，也没有公正、透明的竞争环境。由于企业管理的模糊性，公司内部必然存在诸多阴暗地带，往往弥漫着浓厚的圈子文化，办公室斗争氛围浓厚，导致一些人才难以开展工作，四处被挤兑。而且这类公司还往往伴随着机构臃肿，人浮于事的现象，做事没有一个考核机制，人才的工作也得不到认可，最后导致公司人心涣散。这样的结果就是有能力的员工会另谋出路，而混日子的员工便随波逐流。

曾看过这样一个案例：某硕士生毕业后，在沿海一家集团公司工作，工资虽然不算高，职位也只是一个主管。但能进这样有点名气的大公司工作，他起初还是颇感荣幸的，激情澎湃地想大干一场。但加入进去后，慢慢地才发觉和自己想象的并不一样，许多员工整天就是在电脑上玩小游戏，部门经理不闻不问。一件简单的工作，本来一会儿就能完成，而大家却喜欢拖上好几天。公司部门很多，传达一份文件都要好几天，而且其他部门的员工很不好说话。更懊恼的是，公司管理层级太多，领导太多，派系林立，每一项申请，都要上头一层层签字，每一项公司都要小心翼翼。

有一次，该硕士发现了公司的一些管理问题，并提出了一套改进方案，但当他兴冲冲地找到经理时，经理却用一句话来搪塞：“如果能行得通，高层早就实施了！”所以不到半年，那位硕士的激情就已经消亡殆尽了，后来他实在忍受不了，向公司递交了辞职申请。

看不到前途：每个人都是很在乎自己的前途的，员工眼中的前途无非是两方面，一是公司的发展前途，一家蒸蒸日上，颇有活力的公司，往往是非常有吸引力的，能够让人才感觉到公司未来的光明。但如果公司走下坡路，士气低落的时候，那么员工可能就会提前跳水。二是员工自身的前途，主要表现为能否让自己持续增值，能否获得职业发展和升迁的机会，能否借助公司的平台来实现自身的价值。如果这些满足不了，那人才就会变得迷茫、忧虑起来，从而另寻他路。

深圳有一家公司，当年曾是位居深圳纳税额前十名的企业，员工有好几万人，成了行业中名副其实的龙头老大。但经过三十年的发展，公司已步入了衰退期，主要表现在三个方面。一是研发人员弄虚作假，老在旧产品上改来改去，导致多年都没有新产品问世，市场不断在萎缩，子公司因没有订单可做，一个接一个地倒闭；二是财务监控紊乱，虚报开支，贪污现象非常严重，导致员工只追逐利益，而无心工作；三是人力资源管理不力，部门冗员太多，缺乏绩效考核，员工效率低下。所有这些把公司弄得没有一点生机和活力，导致公司发展日薄西山，新进来的员工一看到这现状，掉头就走，而老员工也在采用各种手段，逼迫公司炒鱿鱼，好赔钱走人。

所以，当企业遇到人才危机时，就必须深刻反省自己的管理工作，梳理一下公司潜藏的消极系统。只有逐一消除公司内部的消极系统，给员工创造一个愉悦的工作环境，才能有效地吸引和留住人才。

7. 让企业形成人才磁场

员工都是理性的，正如古语所说："人往高处走，水往低处流。"员工总是往好的公司走。做 HR 工作期间，曾有幸阅览了众多简历，也发现了一个有趣的规律：工作在 10 年左右的员工，往往都跳槽过四五家公司，而且通常都是职位越跳越高、薪水越跳越涨。其实，在职场中，企业如同是磁铁，而员工则是铁颗粒，企业能不能吸住人才，就看它有没有足够大的磁场。磁力大的企业，往往很容易把人才吸过来；而磁力小的企业，人才常常会被无情地吸走。

只要细心观察一下就会发现：越是规模大、待遇好的公司，往往汇聚的人才就越多，从而推动企业迅速地发展，如同滚雪球一般；而越是待遇差、条件差的公司，就越是人才逃离的重灾区。许多企业成了名副其实的人才培训基地，即好不容易培养出一些人才，结果很快就流到一些知名企业去了。然后又不得不去招聘新人重新培养，刚成才时，又是跳槽而去。这也完全符合管理学定律——马太效应，即好的越好，差的越差。

在广东沿海一带，你会发现大量来自其他公司的优秀人才，如过江之鲫一样地流入华为、中兴通讯、腾讯等知名公司中去。华为公司每天都会把大量岗位放在自己的公司网站上进行招聘，也每天能收到海量的求职简历，然后 HR 再对简历进行精挑细选，将符合胃口的人才集中起来面试，每天都会在上百精英中层层筛选出最出色的人才，收入囊中。

为什么华为公司能有这么大的魅力？原因就是华为有强大的人才磁场，最典型的就是高工资、广阔的发展空间、良好的培训机会、规范化的管理、员工持股计划、价值感的认同、自我价值的实现……总之，华为成了众多求职者的理想工作平台，这也是华为能拥有超过 18 万高端人才的原因所在。

所以，企业要让自己具备人才吸引力，就必须倾力打造企业的人才磁场。把企业打造成人才向往的地方，自然人气就会非常旺盛。那么，企业该如何提升自己的人才吸引力呢？我觉得企业应该做好这几方面的工作。

用薪聚才：对于吸引人才而言，具有竞争力的薪酬是一个无法回避的问题。这就好比一座大厦的地基，如果这个根基不稳固，那其他的诸多留才策略只能是空中楼阁，空洞而起不到作用。翰威特咨询公司曾对我国的不同行业做了一份调查，研究发现薪酬依然是吸引和留住人才的第一要素。薪酬如果没有吸引力，其他留才策略都成了空谈。给人才提供具有竞争力的薪酬，既是满足人才最基本生活的需求，同时也是对人才价值的现实认可。

其实公司可从两个方面来让薪酬产生竞争力：一是与同行业进行横向比拟，审视公司的薪酬所处的层次，是否处在一个较高的水平；二是在公司内部进行纵向薪酬比较，审视公司关键人才的薪酬是否在公司内部同样处于“关键”位置。正所谓“好马喂好草才能跑得快。”通用电气公司的薪金和奖励制度使员工们工作得更快、也更出色的秘诀就是，只奖励那些完成了高难度工作指标的员工。对于关键性人才给予“关键性”薪酬，这不仅是一种显性的价值回报，更是对其隐性的一种鞭策。

给人才一个好的前途：给员工一个良好的前途，让员工分享公司的成功，这才是公司与员工的共赢之道，才是聚才的最佳策略。对此，李嘉诚也曾谈了他的心得：“要给员工好的待遇及前途，让他们有受重视的感觉。”在上海诸多公司人才短缺、员工流失率居高不下的环境中，成立于1984年的上海贝尔公司却能始终保持员工流失率低于5%的良性循环。据了解，上海贝尔的工资水平在上海其实并不高，那它为何又能这般吸引和留住人才呢？这家公司给出的秘诀是：公司致力于营造一个有良性竞争氛围的上海贝尔大家庭，努力使员工能分享公司的成功，激励员工奋力争先，让他们随着公司共同成长。

规范公司的管理：如果你去研究就会发现，人才流失严重的公司，往往都是管理不规范的公司，员工缺乏一个愉悦的工作环境，整天深陷于一些权术斗争的困境中，才能得不到发挥，职位得不到发展，只有满怀委屈地跟公司说“再见”。反观那些对人才颇有吸引力的公司，往往都是管理非常到位的公司，像海尔公司、联想集团、华为公司等无不是如此。员工有一个透明、广阔的发挥平台，能够自由地发挥。

当前企业间的人才争夺战愈演愈烈，企业要想汇聚人才，就必须整顿自己的管理工作，消除企业内部的消极系统，完善公司的管理机制，为员工提供一个顺心的工作环境，并能给付人才期望的报酬和前途，这样才能形成企业的人才磁场，才能产生人才吸引力。

SHIJIE 500QIANG

J.P. MORGAN CHASE &

埃克森美 EXXON

巴西国家石油公司

日立 HITACHI

FORD MOTOR

Apple(苹果)

美国快捷药方控股公司

法国巴黎银行

SIEMENS

BMW

摩根大通 J.P. MORGAN CHASE &

康德乐

法国电力公司

三星电子SAMSUNG ELECTRONICS

THE WORLD'S

top 500 director of human resources management notes

第十一章

离职管理：没有不散的宴席

有聚就有散，再好的人才，也有跟企业分手的时候，尤其是知识型人才，往往都有自己的追求。人才的离去固然是企业的一大损失，但企业也没必要为人才的离去而愤怒，取而代之的是转换企业的用人思维，即从以往的“终身雇用”转变为“终身交往”。因为离去的人才并不意味着跟公司彻底一刀两断，只要交往得好，依然能换种方式为企业所用。

1. 分手，未必是雨天

在感情剧里，一对恋人的分手往往都会伴随着一种伤感的气氛，在一个雨天里，两人伤感地分别，回想过去相处的一幕幕，两人的内心世界禁不住都下起了雨。其实，分手有时候未必是雨天。如果两个人已经不适合在一起，甚至在一起时会感到痛苦，那么，分手倒是一种最好的解脱。

在企业里也是一样，老板都爱惜人才，希望那些曾经跟随自己奋斗多年的人才，能一直为自己效力下去。然而，有聚必然有散，天下没有不散的宴席，人才总有离去的那一刻。面对人才的离职，不同的老板有不同的处理态度，有的老板是找借口不断地拖延，希望把对方拖住，以为采用冷却法能把人才挽留下来，最后不过是徒劳一场而已。

我在深圳某集团公司工作时，有一次公司招聘到一位浙江大学毕业的本科生，学的是电子技术专业，专业基础知识也相对比较扎实。在人才市场能找到一流大学的毕业生，这是一件不容易的事，总裁也对他非常看重，把他安排在工程部去深造锻炼，希望把他打造成一名高端人才。经过近一年的用心栽培，让他参与了多款产品的技术研发，成了一名水平较高的技术人员。结果，有一天他向公司提出了辞职申请，理由是自己不太喜欢做技术，想从事管理类工作。

面对这一情况，总裁特意召见他，跟他谈了次心，并说："你想做管理，那也不用到外面去，我公司哪个部门你喜欢，随便选一个。于是征照他的意愿，总裁把他调到了生产部，担任生产部经理助理，并嘱咐生产部经理好好带带他。结果半年过去了，生产管理一些基本方法他学得差不多了，又向公司提出辞职，理由是生产部晚上要经常加班，他身体承受不了。这样，总裁又把他调配到了采购部，让他协助进行原材料的采购工作，可没过几个月，他又不干了，认为采购部只是向供应商下个订单，太单调，没有发挥的空间。这次，估计总裁也有点受不了了，安排我去处理这件事。

于是，我跟他做了一次离职面谈，发现他人是非常聪明，但想法太多，老想做一些大事，对于一些细致的工作，他静不下心。而且他说他的目标是自己创业，想多接触一些部门的管理工作。我一听就明白了，然后把过程跟总裁一汇报，终于，他果断地在离职申请上批了字。

的确，如果员工的心根本就不在公司，强留也是一种枉然。当然，面对人才的离职，也有的老板会非常愤怒，认为自己一番心血栽培出来的人才，竟然要离自己而去。于是往往会在劝说不住的情况下，会跟人才反目相向，不欢而散。

有这样一个案例：某公司副总跟随老板创业多年，老板刚创办公司时，才七八名员工，他便是其中之一。跟着老板把公司一步步做成了大集团，而他也由一名普通业务员做成了公司业务副总，成为老板的得力干将之一。或许是因为手上客户资源比较多，有一家公司高薪邀请他去担任副总裁，工资差不多翻了一倍。正当他兴奋地向老板提出离职时，老板先是劝慰了一番，但对方听不进了，不肯错过这样的好机会。于是老板就直接发飙了，以他掌握太多公司机密为由，言词拒绝，并威胁说如果跳槽过去，那就通过法律手段起诉。于是，以往像兄弟一样的人，转眼就反目成仇。撕破脸后，那位业务副总虽然没去成那家公司，但他利用手中的客户资源，并带走了一般下属，在外另起炉灶，创立了另一家公司，后来成了公司强劲的竞争对手。

其实，管理规范的企业，开明的老板面对人才的离职，往往采用的是宽容的心态，既然留不住，就愉快地为他送行，希望以后继续保持好的交往与合作。的确，既然人才有了自己的想法和去处，强留是徒劳无益的，故意刁难或者反目相向更是无益，还不如表现出自己的大度和宽容。

有段经历让我深有感触。前两年在深圳某知名企业从事HR 工作时，有一次被总裁派往贵州从事企业兼并工作。经过数个月的奋战，终于跟几个同事把那家大企业成功兼并过来，并完成了人事配置和管理整顿。当在贵州出差期间，一次偶然机会，我被当地一所高校聘为高教。回深圳后，蒙在鼓里的总裁为我们举行了一次庆功宴，并在宴席上宣布提拔我为公司人资总监。面对这突如其来的任命，我一时不知所措。那晚，我彻底失眠了，想回高校工作，又辜负了老板的一片厚望，如果继续为老板效力，又错过了一次美好的职业转型机会。

第二天，我怀着矛盾、疲惫和忐忑的心情敲开了总裁的门。总裁很客气地请我进去，我一时吞吞吐吐，话不知道如何说出口。总裁一下看出了我的心思，于是平静地问："你是否有什么难处?"话茬打开了，我于是一股脑儿把想去高校任教的想法跟他说了。总裁沉静了一会，然后站起来微笑着握起我的手说："祝贺你！你能有更好的发展机会，说明你在我这儿增值了，以后常回公司看看！"走的那天，总裁还特意安排一场酒宴，让同事们为我送行。

相聚是一种缘分，分手也未必是雨天。每个人都有自己的价值追求，当与公司价值一致的时候，就会跟公司紧密地走在一起；当人才的价值偏离公司的轨道之后，人才也会很自然地离去。如果挽留不住，不如宽容地送上祝福，或许将来还有重聚的时候。

2. 珍惜"离职面谈"这一机会

在不少企业，只有高端人才离职，往往才会惊动老板，而对于普通员工的离职，大多数公司规定的是：提前一个月申请就可以了。当员工提交辞职书时，公司管理者照签不误，一路按流程走下去，畅通无阻。紧接着，由人力资源部迅速从人才市场上招聘新员工进来填补空缺，再让离职人员交接工作，办理完离职手续，整个工作就这么完成了，看起来似乎很民主。

但公司往往忽略了一项非常重要的工作：离职面谈。原来的在职者为什么突然会离开？一些公司连离职面谈都没有做，问起人才为什么要辞职时，很多管理者推说，“我们尊重他的选择。”抱着一种“天要下雨，娘要哭嫁，随他去吧”的心态。认为人才既然已经要离职而去了，那就对公司不再有任何价值，公司也没必要在他们身上浪费时间。

其实，离职面谈不是没有意义，而是非常具有价值。员工提出离职申请，并非一时的冲动之举，而是员工较长时间深思熟虑的结果。员工的跳槽，背后一定有原因，有些可能是员工的私人原因，但大多数情况下，是对公司不满意的直接结果。通过离职面谈，往往可以找出员工的辞职原因，也能追踪出公司存在的管理问题。

如果员工的辞职是出自个人的原因，即往往是家庭或生活出现了某些困难和变故，如果公司能协助他度过难关，那这个人才就不会再离职了，而且还会对公司心存感激，成为一名忠实员工。

我在深圳某集团工作时，有一天早上去办公室上班，却发现电脑的键盘底下压着一张纸，打开一看，顿时下了一大跳：新来的人资主管，工作不到三个月就提出离职。这让我深感诧异。该人资主管是一位湖北女孩，身高一米七左右，论工作和长相都无可挑剔，也深受总经理的器重，这一突如起来的变故，真让我一时不知所措。

于是上午正式上班之后，我便找她做了一次离职面谈。询问她离职原因，她都是顾左右而言他，不是工资低，也不是公司差。后来反复沟通，她才到出了真相：原来她跟男朋友感情破裂了，想换工作躲避他。我诧异地问她："你男朋友不是对你挺好的吗？每天开车接送你上下班。"她苦笑了一下，便把话茬打开了。她男朋友是上家公司的一名副总，本来有家小，后来跟她好上之后，便跟前妻离了婚，两人双双离开了公司。而男朋友每天接送她上下班，是因她年轻漂亮，放心不下。更过份的是，回家之后，就如影相随，如果男的在外有应酬，就把女方锁在家里。这让她无法接受，又很纠结，于是想换个环境躲避他。

谈到这一步之后，我便把她带到总经理那里，让阅历丰富的总经理给她指点迷津。果然，总经理经过一番分析，得出一个结论：男方根本不值得爱。原因很简单，懂得爱人的男人，绝不会抛家弃子，懂得爱人的男人绝不会限制对方的生活空间。女孩恍然大悟。事后，总经理又把女孩安排到一家子公司去担任人资经理，至今还在那里努力工作着。

当然，如果员工的辞职是因为公司的原因，那离职面谈也非常有意义。唐太宗有句名言："以铜为镜，可以正衣冠；以古为镜，可以知兴替；以人为镜，可以明得失。"离职人员就是企业的一面好镜子。有的企业看起来一切正常，风平浪静的，其实背后往往问题重重。只是在职的员工由于某些顾忌，往往把不满压在心里，当超过他的承受度之后，就会选择跳槽，换个环境发展自己。而离职人员说话往往不会有所顾忌，一般会把积压的心理话说出来，这时，管理者就可以从中发现出公司的管理漏洞，以便亡羊补牢，为时不晚。

此外，当员工把内心的不满发泄出来之后，心情会舒畅好多，再进行一番引导，可能会让他回心转意，至少不会带着情绪离开公司，而在外百般诋毁公司，损害公司声誉。所以，面谈结束后，管理者应以朋友的身份说一些勉励和宽慰的话。例如，“如果在外不如意，随时回到公司来，公司的大门会一直对你敞开着”，这会让离职者感激流涕。

一般来说，公司应在人员提交辞职书到正式离职这段时间内，选时间对人才做离职面谈。也有一些公司在人才离开公司之后，才对他进行电话面谈，因为这时员工才可能说真话，还在公司时，由于手续没办，还有很多顾虑，给出的离职理由也是编造出来应付差事的。

美国不少公司的离职面谈是这样做的：在人员离职时给他一份已付回邮不具名的问卷，等他觉得时机成熟时再填回，或是在人员离职六个月后再寄出调查问卷，目的无非是希望离职员工能在没有任何心理负担的情况下一吐胸中郁闷。问题的设计采用开放式，例如：

①你决定离开本公司的因素是什么？

②哪一项因素的改变可能会让你改变想法，愿意再留下来？

③你认为公司在哪些措施方面可以改善，可能会产生哪些

不一样的结果呢？

④你认为本公司提供你什么样的成长机会？

离职面谈对于公司挽留人才和完善管理工作非常重要，它是一个能看到公司存在的弊端的窗口。是把控离职人才的最后一道关口，也是维护好与离职人员关系的关键一环。员工离职了，并不表示和原来的公司从此就“一刀两断”，永不相见。很多时候，与离职员工保持好的关系，还可能为公司带来很多长远的利益。比如，新的客户和市场机会，人才推荐机会，甚至优秀离职员工重新回到公司继续效力等。通过面谈，可以向离职员工发出友善信号，使其认识到他仍然是公司的“朋友”。

3. 完美的离职流程

员工的离职，对于公司来说属于家常便饭的事。有的员工合同到期不续签的，有的员工找到更好工作而另谋高就的，有的员工因为自己或家庭出了变故而不得不离职的。总之，员工会因各种理由而离职。由此，离职管理往往也成了 HR 一块重要的工作。

离职管理并不是简单办下手续就了事，离职必须遵守一个严密的流程，否则，便可能会给公司带来诸多管理隐患。管理到位的企业，往往都有一份完美的离职流程，HR 严格按照公司离职流程来办理员工的离职手续，才能把员工的离职问题管理到位。在员工的离职管理中，有几个关键点要把握住。

（1）提前三十天提交离职申请：有些公司提出的提前三十天递交离职申请要求是有一定道理的。离职对于员工来说，是一件简单的事，而对于公司来说，就较为麻烦了。因为现在的公司在人员配置时，往往都是一个萝卜一个坑，没有富余人员，一旦员工离职了，就必须找新的人来接替工作，必须有一个充足的准备时间。要求员工提前三十天申请，就是要给公司一个缓冲的时间，公司可以利用这段时间对外招聘，以作为岗位人员补充。现在的网络招聘非常流行，许多公司的员工往往都会采取“骑驴找马”的方式，在工作过程中，不断偷偷地在招聘网站上寻找新的机会。提前三十天申请的要求，有利于抑制员工频繁离职，因为招聘公司往往等不了这么长的用人时间。

（2）做好离职面谈：离职面谈是员工离职管理的一个重要环节，对员工进行离职面谈，不仅仅是为了对人才的最后一次挽留，也是一次难得的沟通交流机会。一般来说，员工离职往往都有其背后的原因，而且大多数是因为企业的内部管理问题。所以，离职面谈往往能从员工口中获得一些心里话，发现公司一些管理弊端，以便改进。

（3）做好工作交接：离职人员一定要把手头上的工作清楚地交接给接任者，才不会留下工作隐患。工作交接往往包括几方面内容：一是离职员工把岗位工作内容清晰地教会给接任者，以便新来员工能够完整地对接工作，不至于导致工作出现紊乱。

某集团公司曾出过这样一件事情：一位薪资专员找到了一份更好的工作，紧急向公司提出离职，出于对下属的照顾，人资经理在未进行工作交接就让薪资专员走了。几周后，公司新聘入一位薪资专员，前几天工作还似乎正常，但到月底核算工资时，问题就出来了。薪资专员不熟悉公司的薪资体系，不清楚公司薪资的核算方法，而人资经理平时也只是审批薪资报表，并未参与过公司的薪资核算，导致这块工作陷入瘫痪状态。害得人资经理带着薪资专员一项项梳理公司的薪资结构，苦不堪言。

二是让离职人员将手头上未做完的工作交代清楚，否则就可能会出现“真空”现象，即导致一些重要工作疏漏了，离职员工认为自己已经离职了，责任已经交接给了接任者，而接任者又不清楚这些工作，把工作责任归在前任身上，于是往往会把一些重要工作给耽误了。

（4）把办公用品上交清楚：员工工作期间，往往都会使用一些重要的办公设备，如办公电脑、笔记本、U盘等，员工离职时，必须由行政人员逐项检查完好后，再收回来。有的公司往往在员工离职后，才发现有一些重要的办公物品已经损坏或者遗失，这时候就难以再追查责任了。

（5）员工财务账目结算清楚：员工往往有些报销费用还未报销，也可能在公司留有欠款，一旦员工离职了再去办理财务款项，就非常麻烦了，尤其是员工在公司的财务欠款，往往很难再追回来。

以上工作往往都是按照一张员工离职流程单来办理，每项工作交接办理清楚后，由接收人签字确认，然后再由 HR 核算出员工的未结工资，在离职流程单上注明工资数额以及发放方式，并将离职员工从公司在职人员名单中清除掉，将员工的公司邮箱账号、办公软件用户账号关闭。有些公司常因没有把离职人员从公司在职人员名单中清除出去，结果导致薪资专员误以为对方还在职，而错发工资。

在这些工作办完后，还有一个重要环节，那就是给离职员工送行。对于普通员工离职，公司往往会安排同事们为其送行，并送上一份纪念品；重要岗位的员工离职，公司往往会为其安排一顿宴席，为其饯行。这样做的目的也是出于对员工的尊重，另外也是为了给离去的人留下一个好的公司印象，让他心生感激。

4. 远离公司的“健忘症”

“健忘症”是老年人易患的一种疾病，刚刚发生的事情，转眼就忘记了。然而不光人会患上健忘症，企业也一样。如果人才还在公司工作，或许会得到公司的关注，一旦离职了，就像泼出去的水一样，许多公司会认为他已没有任何价值，不管员工过去给公司做了多少贡献，顷刻间荡然无存。而且当员工离去之后，公司会马上去人才市场招人来替代，旧员工往后的生活怎么样，公司一概不知，一概不问，这就是公司的“健忘症”。忘得非常快，这突显了公司无情的一面。

也有的员工把这种现象笑称为“龟苓膏”。“龟苓膏”是广东的一种凉茶，能去火养颜，是一种养生的良药。但职场上的“龟苓膏”却是非常苦涩的，一旦某天喝到了，会感到非常的沮丧和伤感。因为这代表员工以前给公司付出的所有努力，哪怕是曾经立下过汗马功劳，一切都已归零。人走茶凉，员工的职位有新人顶替，工作有别人在继续做，员工曾经做过的业绩，没人再去理会和提及，这个人才彻底被公司遗忘了。

曾在安利公司参加过一场培训，课堂上一位陈姓老总讲起了一段往事。当年，他跟随老板在深圳白手起家，经过一场场恶战，终于让公司在深圳站稳了脚，公司有了自己的厂房，漂亮的办公场所，和一批优秀的员工。有一天，公司以优化人力资源为由，把这位立下过汗马功劳的业务部经理裁掉了。当然，离职那天老总不忘在一家酒店里，为他置酒送行。

几年后，已在另一家公司担任经理的他，突然想去他原来的公司看看，怀旧一下当年奋斗的往事。但当他来到熟悉的公司，熟悉的办公楼，熟悉的办公大厅时，一张张新面孔望着他，有一位员工拦住了他问：“先生，你找谁?”他一怔，随之一脸伤感，心里真不是滋味，回想当年为公司立下汗马功劳的开国功臣，没有他追随老板的艰难拼杀，也就没有公司今天的局面，可是，他已被公司完全遗忘了。

易患“健忘症”的企业，往往是没有做好文化传承，也没有人情味。把离去的人迅速健忘，这不是一件好事。好的公司往往都是心怀感恩的公司，人才的优秀事迹，会被公司整理成经典案例，在企业培训和文化传承中去感染新一代的员工。另外，离去的人并不意味着已经跟公司一刀两断，其实，离去的人对公司依然有巨大的利用价值，他们有一天可能会重回公司，也可能会成为公司的合作者。

曾看过这样一个案例：谈洪，原创维中国区域常务副总经理。1995 年 6 月，谈洪向创维的老总黄宏生提交了辞职申请，并且跟三星中国总部签订了合同。得知这一变化后，黄宏生赶紧从香港飞往郑州，和谈洪谈了整整一晚上，一再挽留。虽然还是挽回不住他离去的心，不过黄总的盛情让他大受感动。此后的多年里，谈洪依然保持和创维很多高层的交往，与前老板黄宏生关系也处得不错。他们缺人的时候，谈洪会利用自己的关系，帮他们找人，也会将自己在跨国公司里的经验与他们分享。如今的谈洪就任美国最大的一家中文杂志社的市场负责人，他最近打算利用自己在美国的资源帮助创维在美国做市场宣传和推广。

离去的人，有的可能会成为公司未来的合作者，有的也可能会成为公司未来的竞争者，他们离去后依然会与公司发生千丝万缕的联系。而且，员工的离去可能只是暂时的，当他在外面不如意时，很可能会回来。或者当他在外面发展良好时，很可能还会成为公司的合作伙伴，社会上有不少员工出去后，又成为公司的供货商或客户。因此，与其让“公司健忘症”给他们心里蒙上阴影，还不如为他们系上“黄手帕”。

有一部电影中，描写女主人公每天在树上系一条黄手帕，等待着男主人公的归来。结果，男主人公就真的回来了。许多公司也要向这位女主人公学习，给离去的人送上一份纪念品，或者一些温馨的话。例如，深圳某世界500强企业，当员工离去的时候，公司会送上一只精美的水杯，刻上公司的名称和一段温馨的祝福。其实，人是一种感情动物，是会怀旧的，员工在公司工作多年，有很多往事和要好的人值得他回忆。如果公司给离去的人送上一份纪念品，不但会让他深受感动，而且将来一看到该纪念品时，就会回想起公司。

美国斯普林特公司（Sprint）会在员工跳槽六个月以后打电话给他们，请他们回答“你离开公司的真正原因是什么?”等问题。另外一些公司则以亲切关心为借口，例如“小李，在外面还好吗？新工作怎么样?”，或者在公司重大周年庆典时，邀请离去的人才来参加，让他们与老同事重逢，共同分享企业成功的喜悦。正如一位世界知名企业的CEO所说的那样：“尽力争取离去的人回到公司。对很多人来说，公司在第一次雇用他们时，也许没有发现他们真正的价值所在，也没能达到挽留的目的，但在第二次，你就可能发现金矿了!”

5. 从“终身雇佣”到“终身交往”

对于人才，老板往往都抱有一种“终身雇用”的思想，希望人才能长期为公司奋斗。终身雇用，一直以来是一种不错的管理理念，它可以提升员工的忠诚度。为什么日本企业的员工对公司这么敬业？这跟日本企业的“终身雇佣制”管理模式是分不开的，员工从大学毕业就加盟一家公司，一直可以干到退休，给了员工稳固的工作保障，而员工也会把公司看成自己的第二个家，与公司休戚相关、荣辱与共。这也像丰田、土星、联邦快递等公司，遵循一种可以被称作没有保证书的终身雇佣政策的原因所在。

有几位中国游客到日本去旅游，开着一辆丰田车到处观光，有几天下雨，车弄得比较脏，一直没来得及洗。有一天他们把车停在路边去饭店吃饭。出来后看见一个老头在擦他们的车。刚开始还以为弄错了，跑过去一看还真是自己的车。这两位中国游客大为不解，问他问什么这么做。那老头说：“我以前是丰田公司的员工，虽然退休近十年了，但我依然把自己当成公司的员工，公司的车就像我们的孩子一样，不论在哪里，我都不忍看到它们脏。”

像这样忠诚的员工，或许会让很多人惊讶不已，但在国外，这类例子却很多。这些公司都很关爱自己的员工，处处为员工着想，而员工也早已把公司当成了自己生命中不可分割的一部分。丰田公司的团队成员手册中就写到：终身雇佣是我们的目标，你和公司共同努力以确保丰田成功的结果。我们相信工作保障是激励员工积极工作的关键。美国丰田公司的总裁还公开表示，在公司困难的时候，公司不会裁员，而是将劳动力“重新配置”。如同一个丰田员工所说的：“他们总是说永远不会将我们解雇的。即使不景气的时候，我们也将被留在这里，和公司一起度过难关。”

长期以来，惠普公司奉行的用人政策是：给员工提供永久的工作，只要表现良好，公司就永远雇佣。早在20世纪40年代，公司的最高管理层就决定，公司不能办成“要用人时就雇，不用人时就辞”的企业。在那个时候，这是一项颇具胆识的决策，因为当时电子业几乎是全靠政府订货的。后来，惠普集团的勇气又在1970年的经济衰退中经受到了一次严峻的考验。他们一个人没裁，而是全体人员，包括公司领导在内，一律都减薪20%，每人的工作时数也减少了20%。结果，惠普保持了全员就业，顺利地熬过了衰退期。

终身雇佣是企业和员工共同追求的目标，也是一种赞誉度很高的管理模式，充分体现了企业人性化的一面。然而，近年来，企业界又开始流传一种“终身交往”的管理思想，似乎有点让人不解。其实，从“终身雇佣”到“终身交往”，两者并不矛盾。当人才利益与公司利益始终一致的时候，终身雇佣自然是一种理想的双赢式管理模式。但天下没有不散的宴席，有些人才终究有离去的一天，虽然可能会雇佣不到他们了，但依然可以跟他们保持友好交往。正如罗格·赫曼在《留住人才》一书中论述到的：你对员工离开时所做的反应将筑成你跟他们永远的关系。有些公司已经改变了“终身雇佣”的理念，取而代之的是与员工保持“终身交往”。

对于备受人才流失困扰的公司来说，为了留住优秀的员工，管理者往往殚精竭虑，甚至不择手段。然而近年来，西方一些著名公司的领导者却以一种崭新的角度来看待人才流失问题，他们不但不竭力阻止优秀人才走出公司的大门，甚至还在为人才的离开而举杯庆祝。

Bain & Co（贝恩）国际顾问公司全球执行董事，44 岁的汤姆·蒂尔尼说：“人员流失并非坏事！我们吸引了最优秀和最聪明的人，而这些人往往是最难留住的。我们的工作是创造有价值的事业使他们停留一天、一个月或一年。但如果你认为你最终能困住人才，那却是愚蠢的。应该在他们离职之后继续与他们保持联系，把他们变成拥护者、客户或者商业伙伴。”

62 岁的阿瑟·甘斯勒明白，有聚必然有散，每一位走进门来的人最终都会走出门去。甘斯勒是总部设在旧金山的甘斯勒（CENSLER）公司的创始人之一。该公司是世界最有影响力的设计和建筑公司之一。阿瑟·甘斯勒曾说过一段颇有感触的话：“人们在职业生涯的某个时候会因为各式各样的理由离开我们。比如‘我想去一家小公司干干’或者‘我想自己做点事业’等。如果他们是优秀的，如果他们为了学习新事物而去，那么，竭力留住他们是不值得的。但我们努力保持与大家的关系，因为他们中许多人最后可能决定回来。而且回头的员工将成为我们最忠心的员工，他们回来后会令人难以置信地投入。”

蒂尔尼和甘斯勒的做法在商业竞争越来越激烈的今天，无疑是一种明智而超前的举动。他们摒弃了“终身员工”的概念，代之以“终身交往”。Bain & Co 公司发明“校友”一词用来代替“以前的员工”和“以前的同事”这类词。这就意味着，某人走出公司的大门，并不代表着他与公司关系的终结，而是这种关系开始了新的阶段。该公司自 1985 年创立校友网络以来，单是在北美就拥有数千名校友。这些人经常收到最新的校友录，被邀请出席鸡尾酒会或专家讲座会。而且，这些校友每年还会收到两次通讯，了解公司的长期发展、专业成就和其它校友的个人业绩。Bain & Co 不认为这样做使他们损失了优秀人才，相反，他们尽己所能帮助离开的“校友”，并为他们的成功而高兴。

6. 给离职人吃“回头草”的机会

公司的业务骨干或技术核心，曾经在公司的中高层效力，有的还是老总的左右手，突然宣布要离开原来的公司，冲突、矛盾、情仇、恩怨……我们每每在聚散发生时刻都会看到同一主题不同版本的故事在上演。

员工的离职，的确可能会给公司带来较大的冲击，尤其是一些关键性人才，一旦离职，可能会让公司的某块业务顿时陷入瘫痪。有的老板非常讨厌离职者，认为离职就是忘恩负义，就是背叛。而且还认为，让那些所谓的叛徒回来，或者还与他们保持长期的交往，无法面对留下来的那些人。温和点的管理者会故意拖延，例如某部门一位主管向经理递交辞呈时，为了挽留这位得力助手，一直把辞呈卡在手里，不肯签字。有些过火点的管理者可能会大为恼火，凶型毕露，百般羞辱辞职者。

曾看过这样一个案例：某大学生毕业后加盟一家房地产公司，担任销售业务员，由于工作业绩出色，老板很快就把他提拔为部门主管，包吃包住，给他一套独立卧室，并把他立为重点发展对象。三年后，一家竞争对手以双倍的薪水待遇，把他挖过去做房产部经理。“人往高处走，水往低处流”，面对诱惑，他禁受不住，于是毅然向老板提交了辞职书。老板先是百般劝解，却见不到他回心转意，于是愤怒之余，责令该员工当天离开公司，为了羞辱他，老板还让保安将其行李扔出了公司的大门，关系彻底撕裂。

也有的公司为了以儆效尤，在员工离去之后，便将其记录于公司的黑名单当中，永不录用。其实这样做是相当不明智的，人才的离去并非他的错，人都会做出对自己最有利的选择，如果杜绝人才的回头，不但让公司损失了一笔财富，也会让留下来的员工心生反感。人才换份工作非常容易，“永不录用”这招对他们一点威胁感也没有。

有一家公司因待遇比较差，导致员工离职率相当高，有时招聘一个毕业生过来，工作半年刚上手时，就辞职了，成了家名副其实的培训学校。公司老板为了改变这一风气，于是就在公司内放通告：未满合同期辞职的员工，公司永远不再与他签约。为了落实这一政策，公司在员工招聘系统中，增加了一个子系统：当员工提前辞职时，公司就把他的名字输入黑名单中，凡招聘进来的新员工，人力资源部都要事先查看黑名单中是否有他的名字，如果有就不录用。没想到这一招用下去后，一点作用也没有，很多员工看到了公司的没落，消极应付公司，逼公司炒他鱿鱼。

其实，人才的流失，问题常出在公司自身。员工追求自己的前程，这原本是一件很正常的事，但许多老板常站在自己的利益立场上，去否定离职的员工，这样只会适得其反。如果当初员工辞职时，老板没有处理好，把关系搞僵了，就可能与员工反目成仇，最后成了公司莫大的伤害。

曾看过这样一个案例：蒙牛的老总牛根生，原本是伊利集团的副总裁，当年从一个挤奶工做到厂长乃至集团的副总裁，作为一名打工者来说，已经非常成功了。但 1998 年，却因权力斗争被迫离开了工作 16 年的伊利。那时，他不满意公司内部的一些权力斗争，于是气愤之余，向总裁提交了一份辞呈。

总裁宽慰了他几句，一番软窝子的话让牛根生心情舒坦了许多，于是又心生悔意，起身想从总裁办公桌上拿走辞呈，结果让他心酸的一幕出现了：总裁把那封辞呈摁在手下。那一刻，牛根生全明白了。

一下从天上摔下来的牛根生，心里的确别有一番滋味。于是，他 1999 年毅然在内蒙古创立了自己的蒙牛公司，经过不到十年的跨越式发展，他把一个几个人组成的小公司，打造成与伊利并驾齐驱的大型集团，创造了自己的人生神话。想必伊利集团会很后悔当初的那一幕。

其实，明智的公司应该对离去的人持开放的态度，员工的离去问题往往源于公司本身，说明公司漏洞太多，没有人气。公司应自我反省，把公司内不利于留才的因素清除掉，并给予离去的人才“吃回头草”的机会。这么做是对现有人员最大的尊重，让他们感觉到温暖和信任。而且对于企业文化的形成和公司品牌的建立有着非常大的影响。越是健康运行、声誉卓著的公司，很少把自己看成是员工的拥有者，很少把他们的离去理解为背叛。中国有句俗话：“好马不吃回头草”。但在今天看来，作为公司的一方，不仅需要摒弃这一思想，更是要营造一种欢迎“好马吃回头草”的氛围和机制。

摩托罗拉公司就建立了一套回聘制度，鼓励主动辞职的员工“好马要吃回头草”，尤其是欢迎属于核心人才的前雇员回公司工作。为此公司制订了一套非常完备的回聘制度：

假如在6个月之内前雇员被重新聘用，他以前的服务年限将累计计算，并可以免除试用期；如果超过6个月，仅按照他以前服务年限提供奖励，试用期按照新员工执行。很多重返摩托罗拉的员工往往还会受到公司的重用，原因之一是摩托罗拉认为他们在离开摩托罗拉期间转换了公司与工作岗位，会带给摩托罗拉更多的新经验和做法，摩托罗拉公司多元化的企业文化欢迎不同的经验分享与贡献。回聘制度就是公司为离去的人永远敞开着的一道大门，当离去的人在外漂流一阵子后重回公司，就像外出学艺归来一样，对公司来说百利而无一害。

在人才竞争激烈的今天，得人才者得天下。给离职人才吃回头草的机会，让他们能再次回到公司重操旧业，不仅可以给公司的人才竞争力增色不少，还可以一箭多雕。可以在员工心目中树立公司以人为本，宽容大度的形象；可以增强公司的向心力和凝聚力。尤其是对那些“吃回头草”的人来说，他们将会更加珍惜现有的工作机会，为公司的发展鞠躬尽瘁，而且还能把从别的公司里学到的知识带给公司，给公司带来一些新的文化。除此之外，对内部人才也可以起到一个很好的警示作用，告诫他们，外面的世界很精彩，外面的世界也很无奈。也证明了公司的条件待遇并不比外面的差，甚至还好上一截，这对于维护人才的稳定，意义深远！

7. 构建离职人才库

有的企业在员工离职之后，往往会清除员工的所有资料，立马与员工“恩断义绝”，有的公司还规定，员工辞职后就被列入黑名单，永不录用。员工踏出公司这一步之后，从此便永不能回头。这种对待离职人才的方法，往往体现了公司缺乏人情味的一面，同时也是一种短视行为。

离职人才，尤其是一些优秀人才，离职之后并不是与公司就真的毫无关联了，其实他们依然非常具有利用价值。一些优秀人才以前在公司深受重视，是公司最宝贵的一笔人才资源，为公司曾创造过不少价值，优秀人才的离职，往往会让许多老板深感心痛。既然企业很爱惜优秀人才，为什么在人才离职之后，就立马切断联系，从此两相忘呢？

优秀的人才往往有多种追求，人才的离职是一种正常的现象。但员工离职之后，只要跟进得到位，还会给公司带来各种各样的利益，还能为公司所用。例如有些优秀人才去了其他公司之后，可能会推动两家公司间的业务合作，有的人才可以利用自己的资源，为企业做事，也有的人才在离开公司一段时间后，又重新回到公司，为公司所用。

在深圳一家知名软件公司工作时，有一次，公司一位软件项目管理人员离职了，这位女员工硕士毕业，为人比较精明能干，把公司的软件项目的执行及收款情况追踪管理得井井有条，由此也深受总裁的欣赏。可有一天，那位项目管理人员以去外面跟朋友合伙创业为由，申请辞职，总裁挽留了一番，但她还是执意离职而去。总裁于是授意 HR 经理持续跟踪一下她在外面的情况。

那位员工离职出去后，果然跟人合伙创办了一家教育培训机构，但由于行业竞争激烈和行情惨淡，一直经营不顺，苦撑一年后黯然倒闭了。这时候，总裁跟她打电话沟通，盛情地邀请她回来，或许是出于面子问题，那位员工婉言谢绝了。之后，她重新找工作，去了深圳某大型财务软件公司从事销售工作，又工作了近一年，但获得的收入和职业发展远不如上家公司。这时候，总裁让 HR 再次跟她沟通，邀请她回公司任职，这一次，她感动地接受了，并把那家公司的业务及一些好的管理方法带入公司，从此在公司忠心耿耿地工作。

人才的离职，往往是出于想实现个人的创业梦想，或者获得更好的职业发展空间。有些人才的离职是短暂的，尤其是外出创业的，大部分会受一番挫折后黯然收场或者在别的公司里也并不如意。如果在人才离职后，能对他们做一番跟踪工作，在他们不如意，或者公司能给他们更好的发展机会的时候，这些人才就能重新归来。至少可以在公司需要的时候，给予公司一定的资源帮助。

当我从深圳某矿业集团离职，回贵阳某高校工作后，有一天，总裁给我打了个电话，先是客套地寒暄一番，问候一下我在高校的工作情况。然后再谈之前并购的贵州某矿业公司，这两年发展非常快，正在筹备上市，盛情邀请我回那家公司去看看，顺便跟老同事们聚聚。最后聊到重点，公司目前急缺人才，希望我能在贵阳帮那家公司招聘一些重要人才。此外，就是公司在筹备上市，一大堆管理制度、文件需要制定，希望我能帮一下忙。总裁亲自开口，我自然满口应允，之后便帮总裁去完成那些事。

人才离职之后，依然会跟公司存在一些联系，公司可以通过多种方式，来继续利用这些人才。由此，成功的企业往往都会建立一个“离职人才库”。离职人才库的构建其实很简单，以往是 Excel 编制一份离职人才信息表，记录他们的姓名、出生年月、学历、专业、职位、电话号码、QQ、邮箱等，以便公司想寻找这个人才时，可以立马联系上。离职人才依然是公司一笔宝贵的财富，建立“离职人才库”，公司就知道流失了多少人才，就知道能和哪些人才保持联系。

在北大纵横管理咨询公司的内部，有一份很特殊的人事档案。其中不但包括了每个员工在此工作期间的相关资料，而且，在员工离开北大纵横之后，该人事档案依然会被保留。员工的去向、所做的工作、联系方式包括手机号码等一旦发生变化，他们都会在 24 小时以内对他的档案做出更改。在员工离职后，公司还要与员工保持联系和交往，并将其依然视为公司的一笔财富。

现在的离职人才库的建立就更简单了，许多人力资源管理软件系统中，就包含了离职人才库。对于一些重要的人才，HR 在办理他们离职手续时，直接把他们的信息提交到系统的离职人才库中，以便于当公司急缺一些重要岗位时，就可以先从离职人才库中搜寻人才，进行沟通，盛情邀请他们重回公司任职。也可以每隔一段时间，让 HR 代表公司跟他们联系，或发一些问候性的短信和邮件，以保持良好的交往。